CAMBIAR

O MORIR

EFRÉN RUIZ

WHITAKER
HOUSE
Español

Editado por: Ofelia Pérez

CAMBIAR O MORIR
UTILIZA EL CAMBIO A TU FAVOR

ISBN: 978-1-64123-945-5
eBook ISBN: 978-1-64123-946-2
Impreso en los Estados Unidos de América.
© 2022 por Efrén Ruiz

Whitaker House
1030 Hunt Valley Circle
New Kensington, PA 15068
www.whitakerhouse.com

Por favor, envíe sugerencias sobre este libro a: comentarios@whitakerhouse.com.

1 2 3 4 5 6 7 8 9 10 11 ⨆⨆ 29 28 27 26 25 24 23 22

ÍNDICE

INTRODUCCIÓN
¡VOY A HACER ALGO NUEVO!

Comenzaba la educación secundaria, cuando por primera vez escuché el término *World Wide Web*, algo extraño, difícil de entender para mí, por supuesto. En un principio pensé que sería algo como una herramienta muy específica para un determinado grupo de personas, como astronautas, astrólogos o ingenieros nucleares. Pero jamás imaginé que aquellas tres iniciales (www) iban tiempo después a regir toda nuestra vida. La red es el avance tecnológico que ha revolucionado al mundo entero. Para la generación de hoy y las próximas, el Internet es y será parte habitual de su vida. Estoy seguro de que la *World Wide Web* simplemente es la punta del iceberg de mucho que está todavía por acontecer.

Siempre me ha gustado analizar las cuestiones que podrían suceder en el futuro. Me encanta escuchar, leer y discutir sobre las ideas que marcarán los próximos años.

Creo con toda firmeza que conforme avancen los años por venir, el mundo seguirá cambiando, en algunas áreas para bien, pero en otras para mal.

El objetivo de este libro es analizar las próximas tendencias que definirán los siguientes años, y cómo convergerán para crear un mundo de oportunidades, pero también de amenazas. A lo largo del libro hablo del papel de la mujer, pues considero que ellas están en camino de jugar un rol cada vez más fundamental como principales emprendedoras y líderes del futuro. Sin embargo, aún hay paradigmas que como sociedad debemos romper con respecto a ellas.

Por otra parte, considero a dos sectores de la población cruciales, los ancianos y los bebés; te sorprenderá lo que viene con la niñez y la vejez en el mundo. También hablo de los cambios que se avecinan en el sector financiero, uno de los ejes que considero dictará mucho de lo que pasará en nuestra sociedad. La tecnología seguirá irrumpiendo en la vida política, social y económica. Al respecto, el enfoque está en un término que me encanta: las *Repúblicas digitales*. Y no podemos dejar de lado a las organizaciones no gubernamentales y religiosas, las cuales en diferentes etapas de la historia han sido protagonistas de los cambios más importantes. Esta década está siendo toda una oportunidad para líderes visionarios que en este sector están logrando realizar los cambios necesarios para regresar a estas instituciones ese protagonismo que tanto hace falta.

La tecnología ha provocado cambios acelerados, y todo cambio trae consigo revolución, confusión, dudas; a la par se abren puertas para establecer nuevos liderazgos. Estoy seguro de que estamos ante la gestación de una nueva generación de líderes que aprenderá a navegar en las olas que se aproximan y sacar la mejor fortaleza y aprendizaje de ello. Esto requiere de surfistas con características clave (como la comunicación) para que propongan, discutan nuevas ideas y generen opinión pública efectiva y asertiva. Por lo que el propósito de este libro es aportar análisis, ideas, consejos, puntos de vista y sugerencias para todos aquellos interesados en el devenir del mundo que habitamos y que buscan establecerse como los líderes que está exigiendo la década en curso.

Quiero despertar en los próximos emprendedores y líderes un sentido de búsqueda de lo nuevo que se aproxima. Soy economista, por lo que tengo una pasión por los números y la estadística que uso para establecer escenarios muy posibles del mundo que nos espera; para trazar una ruta mejor hacia allá y con datos más específicos encontrar las grandes oportunidades en sectores concretos.

En mi primer libro titulado *Crisis y Oportunidades* (Whitaker House) cerré con un último capítulo precisamente titulado "Cambiar o morir", y que sin duda es la antesala de lo que es ahora este segundo libro. Quiero compartirte las últimas palabras que dije en ese capítulo:

"Siempre habrá voces que querrán detener el cambio, pero prefiero cambiar a ser obsoleto. Creo firmemente que está en la naturaleza del Creador ser innovador y creativo. Leí un estudio que dice que la gente que ha realizado las innovaciones científicas reconoce que en algún momento de la investigación hubo una inspiración divina. Los cambios que experimentamos en el mundo a Dios no le dan miedo, porque Él ya los vio, incluso los inspiró y los creó. Así que no creo que Él esté nervioso en el cielo o preocupado por los avances que la tecnología ha tenido recientemente. El primero que nos invita al cambio es Dios. Nos dice que olvidemos las cosas de antaño. Las cosas de antaño son aquellas estrategias o métodos que funcionaron en el pasado, pero que hoy ya no. No significa que estén mal, simplemente que para este tiempo ya no funcionan, se han hecho obsoletas.

*Olviden las cosas de antaño; ya no vivan en el pasado.
¡Voy a hacer algo nuevo! Ya está sucediendo, ¿no se dan
cuenta? Estoy abriendo un camino en el desierto, y ríos
en lugares desolados.*   (Isaías 43:18, 19)

"Me encanta este pasaje de la Biblia, porque nos toma por sorpresa al decirnos que lo nuevo ya está sucediendo. ¿No ves parecido alguno a lo que ya estamos viviendo? Lo nuevo comenzó sin que nos consultaran, pues así es Dios. Cuando Él quiere hacer algo en nosotros no nos avisará, simplemente lo hará. La realidad de un matrimonio, una nueva familia, un nuevo negocio, una nueva casa, una nueva idea. Así es, ¡Él hace cosas nuevas! Y lo mejor es que lo hace en aquello que parece imposible, en medio de los desiertos y de lo desolado, ahí es donde Él obra. Es tiempo de cambiar. Seguramente hay cosas que en el pasado funcionaron para tu familia o matrimonio, pero hoy quizá ya no. Tal vez tu negocio o empresa requiera innovación. Vamos, ¡hazlo! ¿En tu liderazgo te sientes estancado? Si en otro tiempo lograste tener éxito, pero hoy ya no, no te desanimes, probablemente solo tengas que cambiar los métodos y entonces resurgirás. Mientras el propósito se cumpla, haz los cambios necesarios para alcanzarlo. Hoy los tiempos lo exigen. Las puertas del cambio están abiertas para el mundo que viene".

> ¡ÉL HACE COSAS NUEVAS! Y LO MEJOR ES QUE LO HACE EN AQUELLO QUE PARECE IMPOSIBLE, EN MEDIO DE LOS DESIERTOS Y DE LO DESOLADO, AHÍ ES DONDE ÉL OBRA.

Así terminé mi primer libro y todavía me emociona, porque a través de estos nuevos capítulos te presentaré algunas de esas puertas del cambio que ya están abiertas para el mundo que viene.

¿Listo para navegar?

1

SURFEANDO SOBRE EL CAMBIO

Las reglas de la vida cambiaron a partir del arribo de mi generación: los *millennials*. Nos caracterizamos, entre otras cosas, porque nuestra perspectiva de la vida es menos tradicional: estudiar para entonces tener un empleo, con el cual poder hacer frente a una familia, que nos permita ver a los hijos crecer, luego despedirlos de la casa, para terminar esta línea con el retiro por tiempo o vejez. Esta idea tan de línea recta de vida cada vez se extingue más entre los de mi generación, y auguro que en las próximas generaciones será casi inexistente.

Entonces, ¿hacia qué modelo de vida nos estamos dirigiendo? Hoy no es complicado deducirlo: la revolución digital llegó y ha venido replanteando casi cada aspecto de la vida por completo. Lo digital vino para conectar más a cada ser en cualquier parte del planeta, abrir nuevos caminos en la comunicación y difusión de las ideas, abrir paso a formas innovadoras entre la gente joven sobre el trabajo, el emprendimiento, la subsistencia, el concepto de éxito y, sin duda, hasta del ser familia.

La revolución digital vino a trastocar e incluso acelerar aspectos como el empleo, donde el concepto de "tiempo completo" (estar ocho horas diarias en una oficina) cabe cada vez menos entre las nuevas generaciones. Si algo nos enseñó la pandemia de la COVID-19 es que podemos ser más versátiles y productivos sin la formalidad de estar de fijo en una oficina. Esto, por supuesto, todavía está en el camino de la consolidación, pues todavía hay empresas que en sus oficinas tienen prohibido el uso de redes sociales. ¡En verdad piensan que hoy se puede trabajar desconectados ocho horas sin redes sociales!

El colmo, por otro lado, es que hoy la comunicación entre empleados y jefes es a través de servicios como WhatsApp, Telegram, Facetime, entre otros. "En promedio cada día revisamos más de 80 veces nuestro teléfono inteligente y consumimos más de 145 minutos", dijo Steve Glaveski en su libro *Employee to Entrepreneur*.[1]

Ante esto, he aprendido que más allá de evitar los cambios, debemos saber navegar en ellos. Así que por mi parte me he vuelto más curioso sobre el día a día, escucho lo que se opina en los grupos de WhatsApp sobre ciertos temas;

---

1. Steve Glaveski. *Employee to Entrepreneur. How to earn your freedom and do work that matters* [De empleado a empresario. Cómo ganar tu libertad y hacer un trabajo que importe] (Queensland: Wiley, 2019), p. 9 (formato Kindle).

uso Twitter para mantenerme más actualizado sobre política, economía y lo social. Y sí, ¡ya no podemos vivir el mismo ritmo de vida de antes! Lo digital lo cambió todo. Por lo que hoy ya no podemos esperar treinta años de trabajo para jubilarnos, o todo un año para tener derecho a días de vacaciones. Es por esto que el concepto de *emprendimiento* se ha colocado como una principal opción de vida, porque, sin duda, es totalmente acorde al ritmo impuesto por lo digital.

MÁS ALLÁ DE EVITAR LOS CAMBIOS, DEBEMOS SABER NAVEGAR EN ELLOS.

Hoy el profesionista busca ser más independiente, porque la tecnología le ha abierto los alcances de lo que antes eran horizontes muy lejanos; hoy los socios internacionales están a una reunión de distancia (Zoom, Google Meets, etc.). Ya no podemos estar más quietos, queremos más. Creo que estamos llegando a la etapa final de aquella forma tradicional en la cual concebíamos la vida, en donde esperábamos muchos años para iniciar cada nueva etapa. Google, Zoom y otras empresas digitales nos vinieron a poner oportunidades para una nueva forma de trabajar, de *colaborar*, con mayor libertad y menos formalidad, acortando distancias para más y mejores resultados, con menos estrés y ritmos más relajados, menos oficina y más *home office* (trabajo en casa).

Debo confesar que un principio no me gustaba mucho la filosofía de trabajo de Google. Creía que por el hecho de ser un gigante tecnológico solo ellos se podían dar esos "lujos" en su forma de trabajo (cero privados, tiempos de relax, sillones en lugar de escritorios, tenis de mesa, videojuegos, etc.), pero la pandemia vino a confirmar lo que ya Google y otras empresas de tecnología estaban haciendo: apostar por las bondades de los ambientes colaborativos digitales. Toda una transformación de la vida laboral tradicional.

Están surgiendo hoy gran cantidad de inventores y emprendedores gracias a la innovación que permite la tecnología. Y pareciera que en los próximos años todo va a converger (casa, trabajo, entretenimiento, finanzas, salud…), donde el mundo como lo conocemos hoy tendrá cambios aún más sustanciales del 2030 en adelante. Todo será muy diferente. Solo baste mencionar algunas de las tendencias que convergerán en esta década: reducción de la fertilidad, inteligencia artificial, biotecnología, realidad virtual, aumento de la expectativa de vida, teléfonos más inteligentes, aplicaciones y muchos más. *Esto representa el inicio de una nueva forma de vivir.* De modo que, pongamos atención a las palabras de Marcel Proust: "El verdadero viaje de descubrimiento no consiste en buscar nuevos paisajes, sino en tener nuevos ojos".[2] Solo aquellos que tengan *nuevos ojos* podrán ver un paisaje lleno de oportunidades. Es ahora, es este tiempo, cuando es momento de empezar a ver y prepa-

---

2. La cita de Proust proviene de su libro *La prisionera*, quinto volumen de *En busca del tiempo perdido*, publicado en 1923. El texto completo está disponible en http://Gutenberg.net.au/ebooks03/0300501h.html

rarse para lo que está por suceder. Un nuevo mundo traerá consigo oportunidades y amenazas que habrá que sortear.

Sin embargo, veo a muchas personas renuentes y que están atrapadas en las formas del pasado. Pero siempre lo he dicho: al pasado ya no podemos hacerle nada, más que aprender lo suficiente; pero a nuestro futuro podemos afectarlo radicalmente. La mayoría de las veces podemos quedarnos estancados debido a circunstancias externas o internas que nos han tocado vivir. En mi primer libro (*Crisis y oportunidades*; Whitaker House, 2021) hablo de las diferentes tormentas que enfrentamos, y afirmo que muchas de ellas son producto de nuestras malas decisiones y que otras más simplemente suceden sin esperarlo. Por ejemplo, las tragedias repentinas son inevitables y devastadoras, como lo menciona el siguiente principio de sabiduría: *La gente nunca puede predecir cuándo vendrán tiempos difíciles. Como los peces en la red o los pájaros en la trampa, la gente queda atrapada por tragedias repentinas* (Eclesiastés 9:12, NTV).

> **AL PASADO YA NO PODEMOS HACERLE NADA, MÁS QUE APRENDER LO SUFICIENTE; PERO A NUESTRO FUTURO PODEMOS AFECTARLO RADICALMENTE.**

Todos pasamos y pasaremos por temporadas negativas cuya red nos atrapará, donde ante la desesperación es casi imposible saber qué propósito puede tener aquello. Pero sé que muchas de esas épocas difíciles traen consigo aprendizajes y tienen un propósito. En los próximos años vendrán cambios inevitables que a muchos incomodarán, pero no podemos quedarnos atrapados en las redes del pasado. Será necesario subirse a las olas.

Antes, era usual pensar que el cambio se planeaba, se analizaba, se proyectaba y aun se evaluaba, para entonces estar mejor preparados cuando llegara. Pero hoy ya no es así, porque la convergencia de diversos factores, como la tecnología, y los macro imprevistos, como la pandemia, nos enseñan que el cambio es rápido, repentino y vertiginoso, tal y como lo menciona el Dr. Sam Chand en su libro *El cambio ha cambiado*: "Han cambiado demasiadas cosas como para que podamos regresar a como solían ser antes. De hecho, ¡ha cambiado la naturaleza misma del cambio!".[3] Tenemos que vivir en la constante del cambio. Los acontecimientos mundiales así lo dictan.

+ Pasamos por la mayor crisis sanitaria desde la pandemia de la gripe española de 1918-1919.

+ Estamos en la mayor crisis económica desde la Gran Depresión de la década de 1930.

+ Afrontamos la mayor turbulencia social desde la década de 1960.

---

3. Samuel R. Chand. *El cambio ha cambiado* (New Kensington: Whitaker House, 2021), p. 12.

+ Estamos ante la mayor amenaza de una tercera guerra mundial, esto debido a la reciente guerra entre Ucrania y Rusia.

LOS NUEVE GIGANTES

Uno de los grandes cambios que se aproxima en el mundo es el uso de la *inteligencia artificial*, con certeza lo digo porque hoy ya es una realidad. Es la columna vertebral invisible de los sistemas financieros, de las redes eléctricas y de las cadenas de abastecimiento. Es esa infraestructura silenciosa que nos direcciona al tráfico de redes sociales, es quien encuentra las palabras correctas que queremos decir, y nos dice lo que debemos comprar, ver, escuchar y leer. Es la tecnología sobre la que nuestro futuro se está construyendo, porque se unirá con cada aspecto de nuestra vida como la salud, la medicina, la agricultura, el transporte, el deporte, incluso hasta la muerte. "No estamos hablando de una tendencia tecnológica, o una palabra de moda, o una distracción temporal, estamos hablando de la tercera era de la computación", como lo afirma la futurista Amy Webb, fundadora del Future Today Institute.[4]

Estamos en medio de una transformación histórica, así como la revolución industrial que al principio nadie reconocía la transición, ya que el cambio sucede gradualmente, así hoy del mismo modo. "Google, Amazon, Apple, IBM,

---

4. Amy Webb. *The Big Nine. How the Tech Titans and Their Thinking Machines Could Warp Humanity* [Los Nueve Grandes. Cómo los titanes de la tecnología y sus máquinas pensantes podrían deformar a la humanidad] (New York: Public Affairs, 2019), p. 1.

Microsoft, Facebook en Estados Unidos y Baidu, Alibaba y Tencent en China están mejorando la inteligencia artificial para tener un mundo mejor. Estos nueve han visto el potencial de la inteligencia artificial para mejorar la salud y la vida en general, resolver cambios climáticos y sacar a millones de la pobreza", dice Webb.[5]

Hay nueve líderes que están encabezando la revolución de la inteligencia artificial, mucho de lo que ellos hagan determinará lo que viene para nuestro diario vivir. Por supuesto que no será fácil, su liderazgo se está enfrentando a presiones locales y globales, muchos quieren entrar a la carrera, otros solo quieren detenerlos, pero lo que será inevitable es que los paren. No sé si los nueve seguirán liderando, pero ya son los pioneros de lo que sucederá en nuestro mundo. Estos nueve irán de la mano con sus gobiernos, ¿qué tanto los impulsarán o detendrán? En el caso de los que están en China es muy evidente el soporte que tendrán, comenta Amy Webb: "El gobierno chino anunció en julio de 2017 su plan de desarrollo de la inteligencia artificial para convertirse en líder global en esta área para el año 2030".[6]

Hay una variable que será crucial para que tanto la inteligencia artificial y los nueve grandes puedan ir más rápido, y se llama *información*. En el capítulo nombrado "Repúblicas digitales" hablaremos sobre la relevancia de las bases de datos y la economía, ya que a mayor insumo tengan estos

---

5. *Ibid*, p. 3
6. *Ibid*, p. 4.

monstruos digitales, su avance será más rápido y efectivo. Pero al mismo tiempo surge una pregunta crucial: ¿Qué pasa cuando le transferimos el poder a un pequeño grupo de personas que tomará las decisiones para todos?

Ante ello, será necesaria la colaboración de todos los actores involucrados, desde los gobiernos, el sector privado, pero también la ciudadanía. Es así que en el capítulo sobre la *comunicación masiva* y *descolonización* hablaremos de la relevancia de una sociedad civil organizada y participativa. Cabe mencionar que tampoco los nueve grandes son los villanos en nuestra historia. Ellos solo están abriendo camino a lo que podría seguir mejorando muchas áreas de nuestra vida cotidiana. Sin embargo, será fundamental, insisto, el trabajo que se realice en equipo.

La inteligencia artificial se puede dividir en tres categorías: Inteligencia Artificial Angosta (IAN), Inteligencia Artificial General (IAG) y Súper Inteligencia Artificial (SIA). La primera es prácticamente lo que hoy ya estamos viviendo. "Los nueve grandes se están moviendo o cambiando de la primera a la segunda categoría, en donde esperan algún día que a través de la tecnología se puedan razonar las decisiones sin la intervención humana, resolver problemas de mayor dificultad, pensar en abstracto, y tomar decisiones de la manera más fácil posible con mejores resultados", detalla Webb.[7] Evidentemente las mejoras en la segunda categoría nos llevarían a entrar a la tercera, es decir, en la Súper Inteligencia Artificial (SIA) ya estamos

---

7. *Ibid*, p. 144.

hablando de algoritmos evolutivos, pues con la búsqueda de información exponencial tendríamos mejores diagnósticos y nuevos caminos para resolver cualquier cantidad de problemas de la vida diaria.

¿QUÉ PASA CUANDO LE TRANSFERIMOS EL PODER A UN PEQUEÑO GRUPO DE PERSONAS QUE TOMARÁ LAS DECISIONES PARA TODOS?

La posible "explosión de la inteligencia artificial" no solo es a través de supercomputadoras y de mejores algoritmos, sino de la proliferación de máquinas inteligentes bajo su propias mejoras continuas, es decir, no solo empezarían a tomar sus propias decisiones, sino que colaborarían en la comunidad global para tomar las mejores decisiones. Esto reafirma mi argumento que expongo en el capítulo cinco sobre la "economía colaborativa", pero es muy importante que desde ahora lo tengamos en mente, ya que para que una economía sea colaborativa se necesita que los actores colaboren, pero a través de la inteligencia artificial los propios algoritmos colaborarán con el mundo global para tener mejores resultados.

Esta transición, según los escenarios que Amy Webb muestra en su libro de *The Big Nine* [Los nueve grandes], se podrá visualizar desde el 2030, pero con mayor auge en el

2040, y totalmente consolidada en el 2070. Una pregunta crucial será si estos nueve grandes se ayudarán o destruirán entre ellos y, por supuesto, si sus gobiernos tendrán la capacidad de unir esfuerzos o seguirán en una competencia directa e incluso bélica.

LÍDERES DE CAMBIO

Dolor, resentimiento, ansiedad, polarización, y presiones económicas, este escenario está buscando *líderes que lideren el cambio*, personas con una perspectiva diferente de la realidad, que aprenden a sortear olas únicas, que saben sacar el mejor provecho de los momentos de oportunidades que no regresarán, que entienden las temporadas y que no se vuelven víctimas de ello. Un pasaje del Evangelio de Juan hace una buena exhortación ante esta época de cambio de realidad: *Ustedes conocen el dicho: "Hay cuatro meses entre la siembra y la cosecha", pero yo les digo: despierten y miren a su alrededor, los campos ya están listos para la cosecha* (Juan 4:35, NTV).

Yendo a fondo con lo que dice este versículo, una verdad es que cuando yo siembro, habrá un periodo de espera de cuatro meses para ver resultados. Una cosecha implica un cambio de temporada, y en este pasaje se especifica que el cambio ya estaba, por ello se menciona una palabra clave: "despierten", palabra que significa interrumpir el sueño de alguien o hacer que alguien recapacite. Es justamente lo que los líderes del cambio hacen, despertar a una generación y mostrarles que las cosas como las concebíamos ya no serán así, que es tiempo de cambiar.

Los líderes de cambio entienden que debemos ir más rápido y hacer más con menos. El ejemplo anterior de la siembra y la cosecha implica un cambio de ritmo, de velocidad. La muestra de lo que no se debe hacer es la extinta compañía de renta de películas Blockbuster. En el 2002 tenía alrededor de 60 000 empleados, con un valor de sus acciones de 5 billones de dólares.

En el 2018 el sucesor de Blockbuster fue Netflix, compañía con un valor de 164 billones de dólares en acciones, pero solamente con 5500 empleados. Netflix con menos empleados producía mucho más, esto debido a que entendió el cambio de ritmo. Esto significa que Netflix genera 357 veces más por cada empleado que tiene.[8] Evidentemente este es un ejemplo a gran escala, pero puede aplicar para cualquier área de la vida. La pandemia solo vino a demostrar que podemos ir más rápido. Hoy en día nos hemos demostrado que sí podemos y que no vamos a volver atrás.

Los cambios aceleran lo bueno y lo malo, la pasión y la indiferencia, la innovación y el estancamiento. La generosidad y la codicia da a conocer a los comprometidos y a los habladores. Y tú, ¿en qué lado estás? Hoy se necesitan líderes flexibles y rápidos, que sean empáticos con aquellos que están entrando a las nuevas olas y apenas aprendiendo

---

8. Glaveski. *Employee*, p. 8.

a surfear y quieren hacerlo. Líderes que tengan una visión de 360 grados de las personas que lideran.

Hoy la realidad es otra. Convivimos con personas que ya no solamente viven en un estado emocional, sino que experimentan diversos estados a diferentes horas del día, lo que representa todo un reto para el nuevo líder, tal y como lo afirma Heather Marsh, autora de *Binding Chaos* [Atando el caos]: "Estamos, o estaremos, pasando por la transformación más radical que haya conocido el mundo; las personas están legítimamente aterradas, entusiasmadas, deprimidas, desconsoladas y esperanzadas, todo al mismo tiempo".[9]

El deseo de mi corazón es despertar en ti a ese líder de cambio. Quiero vivir, surfear y emocionarme con aquellos que serán líderes de los cambios que ya están a la puerta.

---

9. Citado por Chand. *El cambio ha cambiado*, p. 61.

EXPEDIENTES DEL CAMBIO #1
JOSUÉ Y CALEB

En los tiempos cuando el país de Israel se estaba formando como una nación, estaban en la búsqueda del territorio donde se iban a establecer. Habían pasado 40 años buscando esa tierra tan anhelada. El líder en aquel tiempo, Moisés, vio un territorio muy bueno donde podían establecerse, por tanto, envió una comitiva de 12 grandes líderes para explorar dicha tierra, recordemos ese relato:

> *Cuando Moisés los envió a explorar la tierra de Canaán, les dijo: «Suban por el Néguev, hasta llegar a la montaña. Exploren el país, y fíjense cómo son sus habitantes, si son fuertes o débiles, muchos o pocos. Averigüen si la tierra en que viven es buena o mala, y si sus ciudades son abiertas o amuralladas. Examinen el terreno, y vean si es fértil o estéril, y si tiene árboles o no. ¡Adelante! Traigan algunos frutos del país».*
> (Números 13:17-20)

La tarea era traer un informe de la situación real para así poder tomar dicho territorio. Estas 12 personas representaban cada uno a tribus numerosas, eran los líderes principales. Las instrucciones fueron claras: necesitaban ver cómo eran los habitantes, si fuertes o débiles, si la tierra era buena o mala, si ahí podían tener una buena tierra para establecer sus campos de trabajo, e incluso les mandó pedir que trajeran muestras de aquella tierra.

Doce líderes viendo y enfrentándose a lo mismo, eran las mismas circunstancias. Lo más sorprendente es que al cabo de 40 días de explorar aquella tierra, volvieron con su líder para dar el informe. Los 12 espías (así se les conoce) coincidieron que el territorio era muy bueno, incluso trajeron evidencias de aquel lugar. Sin embargo, 10 de ellos dijeron que sería imposible conquistar el pueblo que habitaba allí porque eran muy fuertes. Pero 2 de ellos, Josué y Caleb, dijeron lo contrario, e informaron que sí podían conquistar aquella tierra. Esos 10 líderes sembraron temor en el resto del pueblo, incluso hasta dijeron mentiras, como que la tierra se tragaba a sus habitantes y que había gigantes. *Para unos, el cambio costaría su vida; para otros, representaba una oportunidad histórica.* Para los 10, tenían que *prepararse* para el cambio; para los otros 2, *ya era el tiempo* del cambio.

Josué y Caleb son un ejemplo de *líderes de cambio*, ya no podían estar más viviendo en el desierto, ellos querían su tierra, su espacio. Cuando no se quiere cambiar te acostumbras a la vida que llevas, te vuelves una víctima de tus propias circunstancias. El cambio puede ser tan duro que incluso quieras regresar a tu esclavitud, porque fue justamente lo que sucedió con los 10 espías, regresaron diciendo que preferían morir de esclavos que ir a esa tierra. Este grupo de 10 quiso evitar un cambio que era inevitable, y lo más lamentable es que se perdió toda una generación en el desierto.

Josué y Caleb representaron el inicio de una nueva temporada para la nación israelí; si ellos no deciden entrar a esa nueva tierra, tal vez se hubieran tardado otros 40 años o más buscando tierra. Sí, el cambio puede representar muerte o vida. *Todos los espías vieron lo mismo; pero no todos creyeron y dijeron lo mismo.*

DETENTE Y EVALÚA

Vivimos la Revolución digital, una época decisiva de cambio, no solamente en el mundo, los negocios, sino en tu vida y la de tu familia.

1. ¿Cómo se afecta tu ritmo de vida con el auge de la inteligencia artificial?

_____

_____

_____

2. ¿Qué transformaciones ha sufrido tu vida laboral?

_____

_____

_____

3. ¿Cómo están cambiando tus reglas de vida?

_____

_____

_____

4. ¿Entiendes que los rápidos cambios que produce la Revolución digital te cuestan la vida a la que estás acostumbrado, o son una oportunidad? ¿Por qué?

_____

_____

_____

5.   ¿Aceptas el reto a ser líder de cambio en esta nueva época?

_____

_____

_____

2

VEJEZ EXITOSA

Los ancianos se convertirán en uno de los bonos demográficos más importantes, lo que representa una oportunidad para muchos sectores económicos, pero en especial para aquellas empresas que logren atender la gran demanda de ancianos que tendrán ciertos países, principalmente en Europa y Estados Unidos. Un ejemplo de esta gran oportunidad es en Corea del Sur, en donde una escuela se ha quedado sin niños y ahora están reclutando abuelas analfabetas.

Los ancianos, gracias a la tecnología, ahora pueden volver a estudiar, terminar su universidad, capacitarse, cursar seminarios sin necesidad de ir a la escuela, sino desde el lugar donde estén. Los centros de retiro para la tercera edad deberían de equiparlos ya con nuevas tecnologías, porque aquellos que lo hagan tendrán ventaja ante este nicho clave de la sociedad.

La realidad virtual, la biotecnología, así como la inteligencia artificial serán el eje que revolucionará la última etapa de nuestras vidas. Mi esposa y yo estamos involucrados precisamente en una empresa de tecnología y realidad virtual. En fechas recientes pudimos ir a Ámsterdam, una de las ciudades de mayor emprendimiento tecnológico, y fue increíble ver tanto a jóvenes, pero sobre todo adultos en camino a la vejez, divertirse, aprender y hacer negocios a través de la realidad virtual.

¿Nos podemos imaginar cuántas personas de la tercera edad quisieran volver a estudiar, o simplemente aprender algo más que les sea útil? ¡Te aseguro que nos sorprenderíamos! Tal y como lo menciona el economista Mauro Guillén: "Vejez exitosa con educación".[10] Miremos el siguiente dato: "Un estudio publicado en el Journal of Gerontology y dirigido por Sheila Cotton, profesora de la Universidad Estatal de Michigan, encontró que los adultos mayores estadounidenses que usan Internet manifiestan tasas menores de depresión".[11] Lo que una persona en la última etapa de su vida está buscando es calidad de vida. Aquellas empresas

10. Mauro F. Guillén. *2030. Cómo las tendencias más populares de hoy darán forma a un nuevo mundo.* (México: Océano, 2021), p. 61.
11. *Ibid*, p. 73. Sobre el uso de Internet y la depresión véase Shelia R. Cotton, George Ford, Sherry Ford y Timothy M. Hale, "Internet use and depression among retired older adults in the United States" [Uso de Internet y depresión entre adultos mayores jubilados en Estados Unidos], Journals of Gerontology, serie B, vol. 69, núm. 5. Septiembre de 2014, pp. 763-771.

que logren satisfacer esta necesidad saldrán beneficiadas increíblemente.

Los 50 años de hoy no son los 50 años de nuestros padres. Muchos de los productos que hoy usamos deberán sufrir cambios para adaptarse a las necesidades de estos otros consumidores. La clave es entender cómo la gente de edad avanzada decidirá gastar su dinero. Hace unos años, cada vez que salíamos de vacaciones mi abuela nos pedía sus zapatos cómodos que no podía conseguir en México, los famosos Crocs. Recuerdo que cada viaje a Estados Unidos le traíamos su zapatos cómodos y fáciles de usar. En aquel tiempo yo decía que jamás usaría algo así; hoy mis hijos y yo usamos Crocs, pues descubrí que son muy prácticos para andar en casa o incluso salir a lugares cercanos a la casa. Se pueden conseguir fácilmente en cualquier tienda. Estoy seguro de que la empresa que los creó y quienes los distribuyen han tenido muy buenos dividendos, todo gracias a conocer y buscar satisfacer una necesidad de las personas de la tercera edad. ¡En 2020 se llegaron a vender 700 millones de pares de Crocs en 90 países![12]

Muchos me dirán con toda seguridad que no todos los productos para los ancianos los usarán las demás personas, y estoy de acuerdo. Sin embargo, los números nos muestran que el segmento de mercado que más rápido crece en el mundo es la población mayor de 60 años, por lo que para

12. Consulta en línea: https://plasticslemag.es/Breve-historia-de-las-Crocs-los-adorables-zapatos-feos

2030 el mundo tendrá 400 millones más, particularmente en Europa, América del Norte y China.[13]

Hace tiempo se colocó en el colectivo social el término *millennial*, una generación clave porque a nosotros nos tocó ser el eslabón entre lo tradicional y lo digital. Pero cabe mencionar que no somos el segmento de mayor crecimiento. "Los datos de la Reserva Federal indican que los miembros de la 'generación silenciosa' poseen cerca de 1.3 veces más riqueza que los *boomers*, más del doble que los de la *generación X* y 23 veces más que los *millennials*".[14] Las empresas deben, entonces, poner su atención en los ciudadanos de la tercera edad. Este sector de la población tendrá un poder adquisitivo importante y además vivirán más años. Se estima que las personas de 65 años, gracias a los avances científicos, médicos y tecnológicos, vivirán 20 años más en promedio.[15]

La siguiente frase define mucho de lo que estamos analizando: Las definiciones de joven y viejo se volverán obsoletas. Por mucho tiempo hemos creído que ser joven representa futuro, y ser viejo lo pasado; hoy no es así, ambos representan el futuro. Hace un par de años mi esposa y yo fuimos invitados a escuchar a un conferencista exitoso que venía de California. Su estilo de hablar, incluso de vestir, era muy "juvenil". Todo iba muy bien hasta que en un

---

13. Sobre las cifras de personas en los distintos grupos de edad provienen de la ONU, *World Population Prospects*, revisión de 2019 (https://population.un.org/wpp).
14. Guillén, p. 61.
15. *Ibid*, p. 82.

momento mencionó que su *mercado* no eran las personas de la tercera edad porque representaban lo viejo, y que más bien nuestra mirada debería estar en los jóvenes. Entiendo su punto, pero los números nos indican lo contrario. El futuro son tanto los jóvenes como los ancianos, y aquellas organizaciones que logren crear sinergia en ambos sectores de la población serán las ganadoras.

Tengo el privilegio de liderar una organización increíble llamada *RÍO*, actualmente somos más de 4000 personas. Al lado de mis padres tuve la fortuna de ver y ser parte desde su fundación. En 2018 mis padres hicieron cambio de estafeta y decidieron que mi esposa y yo asumiéramos el liderazgo completo. Para mí ha sido una de las responsabilidades más grandes que he tenido; liderar familias, jóvenes, adolescentes y niños no es fácil, pero ha sido increíble.

LAS DEFINICIONES DE JOVEN Y VIEJO SE VOLVERÁN OBSOLETAS.

Al inicio queríamos hacer varios cambios, pero entendí que no podía solo enfocarme en mi generación, sino en las demás generaciones. Hay un concepto que el sociólogo alemán Karl Mannheim menciona y es el de "unidades generacionales", que es que no solamente podemos pensar en una generación como un "grupo de edad", sino en grupos de personas unidas por el tiempo y el espacio que se comportan de formas muy características y que se mantienen estables durante toda su vida.[16] Entonces, entendimos rápidamente que no podíamos pensar solo en el grupo de nuestra edad (*millennials*), sino en todas aquellas personas que están conectadas al mismo tiempo a lo que hoy estamos viviendo, donde sin duda alguna tanto jóvenes y ancianos tenemos significados en común y debemos trabajar juntos. Para este 2022 decidimos en la iglesia *RÍO* trabajar de la mano con la juventud, con adultos y ancianos. Estoy convencido de que grandes proyectos se van a detonar.

A mi esposa le encanta la película *Pasante de moda (The Intern)*. En una escena, el viudo de 70 años interpretado por Robert De Niro, hace la siguiente pregunta: "¿Cómo voy a pasar el resto de mis días?". Y su respuesta fue fantástica: "Aprendí yoga, a cocinar, tomé clases de mandarín, he intentado de todo". Finalmente llega a una *startup* de moda liderada por una *millennial* llamada Jules Ostin, quien jamás se imaginó que este anciano sería su asesor más importante para la compañía, y no solamente eso, sino que ayudó a muchos de sus trabajadores jóvenes a quienes apoyó para madurar y juntos crear un gran equipo. ¡Esto es el futuro!

Los ejemplos que plantean las películas son muy ilustrativos, y sé que muchos podrían argumentar que no son reales. Bueno, qué tal el caso de Philips, una compañía

---

16. Las teorías sobre las generaciones citadas en el texto provienen de Karl Mannheim, "The problem of generations" [El problema de las generaciones], en *Essays on the Sociology of Knowledge* [Ensayos acerca de la Sociología del Conocimiento], editado por Paul Kecskemeti (Londres: Routledge & Kegan Paul, 1952), pp. 276-322; Pierre Bourdieu, *Outline of a Theory of Practice* [Esbozo de una teoría práctica] (Cambridge: Cambridge University Press, 1977).

multinacional de las más viejas, grandes y tradicionales del mundo. Fue creada en 1891 por Gerard Philips y su padre Frederick. A los cinco años, Philips ya se encontraba en bancarrota, ¿puedes creerlo? ¡Quién iba a pensar que aún les faltaban más de 120 años de existencia! Así que tuvieron que cambiar de enfoque, decidieron innovar, y crearon inventos revolucionarios: el casete, la videocasetera, el disco compacto, el reproductor de DVD, entre otros más.

Sin embargo, en la década de los noventa tuvieron una de sus mayores crisis debido a los nuevos competidores tan fuertes que tenían, como los japoneses, surcoreanos y chinos. Una vez más decidieron reinventarse, pero esta vez no fue suficiente, nada parecía funcionar. Fue hasta que eligieron a un director general que llevaba toda su vida trabajando en Philips, que hizo lo que pocos pensaron y fue "concentrarse en aparatos electrónicos para el cuidado de la salud, productos intensivos de investigación y hechos a la medida, por ejemplo escáneres y equipos de imagen, para los cuales la demanda iba en aumento conforme la población mundial envejecía".[17] Este es un gran ejemplo de un anciano que llevaba años en la compañía, pero supo interpretar cuál era la necesidad en el futuro. Y no solamente esto, sino que logró innovar para satisfacer la demanda que se aproximaba.

¿Sabías que Airbnb reportó que sus anuncios crecen más rápido en la población mayor de 60 años?[18] El éxito

17. Guillén, p. 72.
18. *Ibid*, p. 232.

de los fundadores fue que lograron unir a los *millennials* y adultos mayores: los primeros son los que más ocupan la aplicación; y los segundos ponen las casas.

El caso de Philips y la película *Pasante de moda* nos dejan una gran enseñanza, y es que los equipos multigeneracionales siempre ofrecerán una forma diversificada de abordar un proyecto o problema. Hay un proverbio que me fascina porque nos enseña que "el éxito depende de los muchos consejeros" (ver Proverbios 11:14). Resulta evidente que quien da un consejo ya ha sido probado, ostenta alguna trayectoria al respecto y tiene evidencias buenas de su recorrido. Cuando se logra integrar un equipo con tal carga de experiencia y sabiduría, además de multigeneracional, los resultados son mayor certeza y seguridad en la ruta que se haya decidido recorrer.

Este año mi esposa y yo decidimos ser más intencionales en el equipo que estamos conformando, y justamente arrancamos el 2022 integrando un equipo multigeneracional. Recientemente tuvimos nuestro retiro de liderazgo con este gran equipo, y me di cuenta claramente de la riqueza que existe cuando integras a todas la generaciones. Nuestro equipo principal está conformado por líderes de todas las generaciones, desde los veinte hasta los sesenta, y nos estamos preparando para lo que viene. El reto ahora será mantenerlo y a su vez que ellos puedan seguir conectando entre ellos.

Quiero compartirte un dato más que me dejó impresionado, y es que la revista *Entrepreneur* en uno de sus artículos señaló que: "En 1997 las personas de entre 55 y 64 años conformaban únicamente el 15 por ciento de los emprendedores exitosos. Para el 2016 esa cifra subió a 24 por ciento".[19] Ahora bien, dado el crecimiento de la población anciana, es muy probable que el 50 % de los emprendedores se podrían encontrar en ese rango de edad. ¿Te imaginas *startups*, organizaciones o gobiernos integrados por equipos multigeneracionales? En mi caso como *millennial* que soy no solamente tengo que entender a la población anciana y adquirir su experiencia, también ellos deben voltear al segmento que nosotros representamos.

"El mundo a partir del 2030 en adelante estará determinado en parte por las actitudes y los comportamientos de los *millennials*, de modo que tenemos que entender a esta generación decisiva para imaginar el mundo dentro de una década", arguye Guillén.[20] Los *millennials* serán un punto de inflexión cultural importante, ellos podrán determinar la nueva vejez exitosa, llena de salud, movimiento, hiperconectados y educados. En el siguiente capítulo abordaré el concepto de *ciudadanía global*, que nos ayudará a tener una mejor óptica de cómo las generaciones se van a interrelacionar.

Por supuesto que el crecimiento de la población anciana también será una amenaza para los gobiernos, ya que se

---

19. Citado por Guillén, p. 76.
20. Guillén, p. 85.

enfrentarán a una demanda muy alta de personas pensionadas. Es por ello que muchas empresas han optado por nuevos esquemas de contratación que no los comprometan en un futuro. Y aunque la calidad de vida será mejor para los ancianos, ya que se estima que para el 2030 las personas de 70 años vivirán como una de 50, los sistemas de salud deberán estar listos para una demanda mayor.

Esta pandemia nos vino a demostrar que la capacidad de atención no es la mejor. Los gobiernos necesitan reinventarse, pero al mismo tiempo nos está dando una señal clara de lo que viene. No podemos pensar ya solamente en la jubilación, sino crear nuestro propio retiro. Esto representará una oportunidad para organizaciones que ofrezcan planeaciones financieras a la medida, así como asesorías y opciones de inversión. Pero cuidado con los abusos financieros que se presentan en los ancianos. Una de las causas principales de estos abusos son las enfermedades como el Alzheimer, en donde los familiares son los principales en robar identidades de abuelos y así poder hurtar lo mucho o poco que posea el adulto mayor.

La tecnología seguirá siendo una oportunidad para atender a este sector tan importante de la población. Se estima que para el 2025 Japón va a necesitar un millón extra de enfermeras que hoy no existen en el país.[21] No solamente pensemos en la migración de personal a Japón, veamos que este país es líder mundial en robótica para adultos mayores. La gran pregunta es: ¿será posible que los

---

21. *Ibid*, p. 75.

japoneses puedan resolver este problema con los robots? Si lo llegan a hacer representará una enorme oportunidad para cientos de países. Echemos un ojo a la tecnología en salud, hay mucho que se puede resolver invirtiendo en capital tecnológico.

Estoy convencido de que en los próximos años se va a necesitar que en la Iglesia puedan converger el anciano y el joven; empresas donde ambas generaciones puedan aprender e innovar juntos, socios jóvenes y ancianos; organizaciones no gubernamentales donde existan voluntarios jóvenes y viejos. Ese es el futuro.

EXPEDIENTES DEL CAMBIO #2
ESTHER Y MARDOQUEO

En el siglo V a. C., el pueblo israelita estaba en un estado de dispersión, habían sido vencidos en forma sucesiva por los asirios y los babilonios, muchos habían sido reubicados a la fuerza en la patria enemiga. Entre ellos se encuentra Mardoqueo, un hombre piadoso que servía al rey persa, y además era guardián de una bella judía y joven llamada Esther. En ese contexto, el rey de Persia, Asuero, junto con sus secretarios de gobierno, emitieron la siguiente orden: Exterminar, matar y aniquilar a todos los judíos; jóvenes y ancianos, mujeres y niños en un solo día.

Esto representaba un homicidio en masa, una de las tragedias más grandes de la historia israelí, pareciera que todo estaba perdido. Sin embargo, en los momentos trágicos es donde surgen los grandes líderes, y solamente hubo dos personas en ese momento que pudieron hacer algo, y fueron justamente Mardoqueo, un hombre de 120 años de edad, y su prima Esther, de 20. *Un anciano y una joven salvarían el futuro de toda una nación.*

Mardoqueo fue mentor de la joven Esther, la preparó y entrenó para un momento único en su vida: ser la próxima reina de Persia, ya que el rey Asuero había decidido cambiar de reina y estaba buscando una joven virgen.

Es cuando Mardoqueo ve la oportunidad de que una judía pudiese estar en el palacio, y lo logró. Le llenó los ojos al rey, no solamente por su hermosura, sino también por su gran personalidad que tenía.

Mardoqueo, como trabajaba en el palacio, se enteró de la orden que habían emitido contra los judíos, es así que se reúne con Esther para avisarle de lo que sucedería, pero sobre todo para que encontrara la forma de detenerlo. El gran reto para esta joven reina era presentarse delante del rey, ya que en aquellos tiempos no podías entrar a verlo sin que él te llamara:

Todos los servidores del rey y el pueblo de las provincias del reino saben que, para cualquier hombre o mujer que, sin ser invitado por el rey, se acerque a él en el patio interior, hay una sola ley: la pena de muerte. La única excepción es que el rey, extendiendo su cetro de oro, le perdone la vida. En cuanto a mí, hace ya treinta días que el rey no me ha pedido presentarme ante él.

(Ester 4:11)

El tiempo pasaba y Ester no se había presentado con el rey, la fecha del decreto estaba cerca; es en ese momento cuando ella toma la decisión de arriesgar su vida al presentarse sin ser invitada ante la corte del emperador. Al hacer esto violaría la ley persa, pero con arrojo y determinación lo hizo. Ester, con una gran habilidad política, consiguió acusar al primer ministro llamado Hamán, responsable de haber presentado falsas pruebas de los judíos, y además tramar contra los propios intereses del rey. Por tanto, Asuero enfureció y decretó la sentencia de muerte para Hamán, quien sería colgado de un madero. Mardoqueo reemplazaría al primer ministro y recibió el anillo del rey para sellar los documentos de Estado.

Esta historia es un ejemplo de un trabajo en equipo multigeneracional. Vemos a un anciano teniendo éxito en el gobierno, pero con limitaciones para detener un asesinato masivo. Sin embargo, tiene la habilidad de ver más allá, se aproximaba una turbulencia, y gracias a su visión anticipada, logra poner a su prima en el palacio. Aún más, se consolidaría como el primer ministro al salvar a toda una nación. No solamente el reconocimiento es para Mardoqueo, sino también para la joven Ester, quien no solo supo escuchar a su tío sino que fue hábil, audaz y arrojada. Sin duda, una gran combinación generacional, una vejez y juventud exitosas.

DETENTE Y EVALÚA

1. La tecnología ha propiciado las "unidades generaciona-
    les". ¿Cómo ves la colaboración entre los "boomers" y
    los "millenials" en tu ambiente social o el de trabajo?

    _____

    _____

    _____

2. Según tu margen de edad, ¿cuáles ventajas ves para
    cada grupo en lo social y laboral, a base de lo que pre-
    senta este capítulo?

    _____

    _____

    _____

3. Como individuo, ¿colaboras en algún sentido con
    alguien cuyo margen de edad es mayor o menor que el
    tuyo? ¿Cuáles beneficios recibes y cuáles recibe la otra
    persona?

    _____

    _____

    _____

4. ¿Cuál piensas que es el futuro de los envejecientes en cuanto a las oportunidades educativas que reciben en este momento? ¿Ves un mayor desarrollo de sus oportunidades en tu ciudad o ambiente?

_____

_____

_____

5. En tu trabajo o profesión, ¿hay equipos multigeneracionales eficientes?

_____

_____

_____

3

CIUDADANÍA GLOBAL

En el capítulo anterior se establece el crecimiento en la población de adultos mayores para 2030. Otro dato es que para el mismo año se pronostica que también habrá una sequía y aumento de bebés en ciertas regiones. La siguiente estadística me ha dejado sorprendido, y es que por cada bebé que nace en un país desarrollado, nueve nacen en los países en desarrollo. En ambos casos, esto tanto una amenaza como una oportunidad. Para los países desarrollados la realidad es clara: tendrán menos adolescentes y jóvenes, lo que significa que al paso del tiempo la fuerza laboral será menor, las familias casi no tendrán hijos, en las escuelas la demanda se reducirá, y los gobiernos tendrán que crear políticas públicas para atender a una población vieja sin hijos que los puedan sostener. "Para el 2030 un tercio de los hombres y casi la misma cifra de mujeres se retirarán sin haber tenido hijos".[22] ¿Los tomadores de decisiones de esos países estarán listos para ello?

Para los países en vías de desarrollo será al revés: todo un desafío para las familias, los padres tendrán una mayor carga económica, en las escuelas la matriculación aumentará y habrá una fuerza laboral importante; aunque no estoy seguro si habrá espacio para todos ellos, la demanda laboral crecerá, pero será más difícil crear la suficiente oferta. ¿Estaremos listos los países en desarrollo para la ola de niños y adolescentes que se aproxima?

> **POR CADA BEBÉ QUE NACE EN UN PAÍS DESARROLLADO, NUEVE NACEN EN LOS PAÍSES EN DESARROLLO.**

Pero más allá de la cantidad de bebés que nacerán, al asunto es más profundo: *bajo qué valores y principios crecerán estos niños.* El siguiente dato actual nos puede revelar un poco el futuro: "Varkey Foundation encuestó a 20 000 personas de entre 15 y 21 años de edad en 20 países, halló que lejos de tener valores locales y provincianos, hay valores globales, progresistas, libertad de expresión".[23] Entonces, estamos hablando de un nuevo concepto de pensamiento: el de *ciudadanía global,* donde al parecer no será necesario

22. Mauro F. Guillén. 2030. *Cómo las tendencias más populares de hoy darán forma a un nuevo mundo.* (México: Océano, 2021), p. 135.
23. Sobre la Generación Z véase Varkey Foundation, "Generation Z", enero de 2017, https://www.varkeyfoundation.org/what-we-do/policy-research/generation-z-global-citizenship-survey

que un papel diga de dónde es ciudadano una persona; esto será una ciudadanía digital, en donde los proyectos, las ideas, los negocios son los que nos unirán, una ciudadanía en gran parte normada por la tecnología. De hecho, es algo que ya está sucediendo, y lo que hoy para nosotros es un hito de la posmodernidad, para esa ola de bebés que están por nacer ya nos podemos imaginar lo que será.

Esta ciudadanía nueva nos llevará hacia un *poder global*, en donde las decisiones de las organizaciones internacionales de los pocos países poderosos se impondrán sobre las naciones de más bajo desarrollo, es decir, de los pocos a los muchos, un poder tecnocrático y elitista. "Su legitimidad es una función de cuánta propaganda gocen, de cuántos favores mediáticos logren, de cuántos famosos las ponderen, y todo esto suele resumirse a cuánto presupuesto anual manejen", explica el escritor y politólogo Agustín Laje.[24]

> LOS NAVEGANTES QUE LOGRARÁN MARCAR UNA DIFERENCIA EN LOS PRÓXIMOS AÑOS SON AQUELLOS QUE PUEDAN TENER LA HABILIDAD DE CORRER EN AMBAS ARENAS, EN LA LOCAL Y EN LA INTERNACIONAL.

El poder global en esta situación no se dividirá, sino que se multiplicará en estas élites, determinado, en primer

24. Agustín Laje. *La Batalla Cultural. Reflexiones Críticas para una Nueva Derecha.* (México: Harper Collins, 2022), p. 367.

lugar, por el dinero, y en segundo, por el *lobby* compuesto por las diferentes organizaciones internacionales. En este contexto no habrá espacio para el pueblo, sino para los millonarios y famosos. Los espacios se modificarán debido a que el globalismo político borrará todo límite territorial. "La posmodernidad política es la irrupción del *lobby* en las ONG, y de las organizaciones internacionales sedientas de soberanía. Una batalla cultural sin precedentes está operando en esta transición", afirma Laje.[25]

Frente a esto, ¡urgen los líderes! Aquellos que se sepan mover en la nueva arena global, líderes que influyan a favor de todos y no de unos cuantos. Necesitamos navegantes en las arenas internacionales, porque el mundo es mucho más que el país de uno, es hoy *glo-local*, por tanto, se requieren líderes que puedan tener una mirada clara de lo que está pasando en su contexto, pero también fuera de su entorno. Los navegantes que lograrán marcar una diferencia en los próximos años son aquellos que puedan tener la habilidad de correr en ambas arenas, en la local y en la internacional.

BEBÉS REVOLUCIONARIOS

En los países en desarrollo estamos por experimentar un oleada de nuevos nacimientos, lo que inevitablemente me hace pensar en las nuevas generaciones globalizadas y digitales, expuestas a lo bueno, lo malo y lo horrendo. ¿Qué generación de hijos estaremos por ver? ¿Qué educación recibirán? La educación tradicional seguirá viniendo

---

25. Laje, p. 368.

mayormente de casa y de la escuela. Pero desde hoy vemos que la información de la que se dispone y que influye desde diferentes fuentes ya no es del futuro: la ciudadanía global está ya en plena formación.

Mi hijo Ian tiene 5 años, Hannah 4 y Camila 1 año. Hace una semanas, Ian (difícil de creer) me enseñó a usar el buscador de Google usando notas de voz ¡No sabía que esto fuera posible! —Seguro estoy de que podrías ahora estar riéndote de mí, ¿no es así? —. Pero aunque parezca de risa, somos muchos los que aún hoy no teníamos idea de que los buscadores pueden activarse a través de notas de voz. En lo que yo estoy escribiendo hacia donde quiero ir, mi hijo de 5 años ¡ya me ganó!

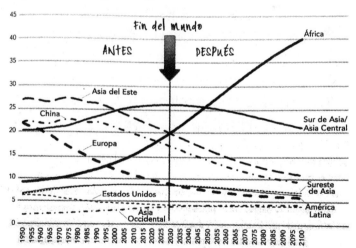

Figura 1. Distribución regional de la población total (%).[26]

---

26. Guillen. p. 25. Los datos y previsiones sobre población, fertilidad y expectativa de vida son compilados y actualizados en forma regular por la División de Poblacion de la ONU.

Para el 2030, el sur de Asia, incluida la India, será la primera región de mayor tamaño poblacional. África tomará el segundo lugar, y el Este de Asia, incluyendo China, el tercer puesto. La tendencia nos dice que África será la población más grande. Esto bien nos da la tendencia de que la próxima revolución agrícola-industrial será en la África subsahariana, donde existirán 200 millones de hectáreas de tierras agrícolas fértiles. Para entender la magnitud de tal territorio, la superficie de México es justamente de 200 millones.[27] ¡Un monstruo de tierra está por ser explotado! África enfrentará un bono demográfico sin precedentes, y al mismo tiempo será una gran tierra fértil.

> **LOS NUEVOS BEBÉS SERÁN VERDADEROS NATIVOS DIGITALES, CON EL GRAN RIESGO DE QUE ESTARÁN EXPUESTOS MÁS QUE AHORA A SER EDUCADOS A TRAVÉS DE TERCERAS PERSONAS.**

¿Habrá navegantes que se atrevan a ser los líderes que encabecen este desafío agrícola? Esto no significa que África estará libre de peligros, conflictos religiosos y étnicos podrían desencadenarse, así como mucha inseguridad y violencia, pero los beneficios potenciales serán inmensos. Este ejemplo de África es solo una muestra de hacia dónde irá la nueva generación que ya está naciendo hoy.

27. Guillén, p. 40.

Tendrán oportunidades y momentos únicos. La situación que generó esto del COVID-19 vino a confirmar la nueva etapa que estamos viviendo. La pandemia solamente dio el banderazo de salida a una generación que revolucionará el mundo que hoy conocemos.

Los nuevos bebés serán verdaderos nativos digitales, con el gran riesgo de que estarán expuestos más que ahora a ser educados a través de terceras personas. El año pasado pude presentar a mi equipo de liderazgo un video que me dejó con la boca abierta. Este video habla de un grupo de hombres homosexuales que se burlan literalmente de los papás que creemos en el matrimonio entre hombre y mujer, y abiertamente mencionan: "Lo quieras o no, iremos por tus hijos". Esa declaración me dejó sin palabras, al tiempo que me mostró lo que viene. Esta ciudadanía global tendrá sus beneficios, por supuesto, pero sin duda también muchas amenazas, y muchas de ellas letales. Así que la advertencia es: si a los hijos no los educamos nosotros, un tercero lo hará.

El politólogo Agustín Laje recomienda "vacunar" a nuestros hijos, inyectarles el virus, pero desactivado,[28] enseñarles y advertirles que en la ciudadanía global escucharán una serie de valores que no estarán conforme a lo que se les ha venido enseñando, y que por lo tanto no deberán seguir, sino reforzar lo que han aprendido. Ante el desafío por venir, los padres de hoy tenemos el gran reto de crear un contrapeso con el cual hacer frente a las próximas

28. Conferencia impartida en Guatemala durante el Congreso Ensancha 2021.

tendencias que se están desatando ya en el mundo entero. Es inevitable no ser parte de esta nueva forma de ciudadanía, por lo que las nuevas generaciones deben entrar preparadas con los principios, argumentos y valores fundamentales correctos de parte sus padres y familia.

> **SI A LOS HIJOS NO LOS EDUCAMOS NOSOTROS, UN TERCERO LO HARÁ.**

¿PAPÁS, ¿DÓNDE ESTÁN?

No permitamos que nuestro mundo pequeño ahogue a nuestros hijos en el vasto mundo real. Desafortunadamente los padres de hoy estamos encerrados en nuestro mundo de múltiples ocupaciones, y nos perdemos de las sazones de esta nueva ciudadanía en ciernes y que nuestros hijos están comenzando a adoptar.

TU VIDA EN UN ARCHIVO

Dentro de esta ciudadanía global existirá un registro digital de tu vida, esto a partir de toda la información que estamos dando en los medios digitales. Amy Webb predice: "Este registro digital incluirá tus estudios e historial laboral (diplomas, trabajos anteriores y recientes) antecedentes legales (matrimonio, divorcios, arrestos); récords financieros (créditos, deudas, impuestos, préstamos); viajes (países visitados, visas emitidas); historial de salidas recurrentes (*online apps*); salud (carnets, resultados genéticos, rutinas de ejercicio) y finalmente tus lugares favoritos de compra y entretenimiento".[29]

Los nueve gigantes serán los dueños de la información. No nos están preguntando si lo quieres tener, ya lo tienen. El prototipo de este gran registro personal ya lo podemos ver a través de tu cuenta de Facebook o de correo electrónico. Google te conoce más que tu esposo (a), sabe con quién hablas, qué temas son los más recurrentes, tus viajes, qué compras, registros financieros, y por si fuera poco, sabe tu agenda, entre otros temas más. Los gobiernos se morirían por tener toda esa información, aunque seguramente habrá algunos que ya están fuertemente trabajando para tenerla. Por esto es que hablo de las *Repúblicas digitales*, porque el gran reto será que los nueve grandes y gobiernos trabajen de la mano con sus respectivos acuerdos legales y morales. ¿Sucederá? No lo sabemos; lo que sí es una realidad es que queramos o no, estamos destinados a que nuestra información sea cada vez más visible.

LA GRAN BATALLA

Partiendo de la premisa de que esta ciudadanía global definirá la cultura que vamos a vivir y determinará muchos de los asuntos políticos, sociales, económicos y religiosos, se vuelve crucial entender el poder que tendrá la ciudadanía

29. Amy Webb. *The Big Nine. How the Tech Titans and Their Thinking Machines Could Warp Humanity* [Los Nueve Grandes. Cómo los titanes de la tecnología y sus máquinas pensantes podrían deformar a la humanidad] (New York: Public Affairs, 2019), p.153

global a través de la cultura. El argumento es simple: debido a su naturaleza, el hombre debe cultivarse. Nadie por sí mismo nace sabiéndolo todo, sino que es a través de la propia vida que se van formando las ideas, las costumbres, las creencias y los valores, entre otras cosas. De modo que lo que no se cultiva, crece bajo su naturaleza misma, lo cual puede ser peligroso: "La naturaleza no cultivada es salvaje, peligrosa, no responde a fines humanos, de la misma forma que el hombre no cultivado tampoco se pone fines a sí mismo, sino que es preso de su condición animal", sentencia Agustín Laje.[30]

> ## ESTAMOS DESTINADOS A QUE NUESTRA INFORMACIÓN SEA CADA VEZ MÁS VISIBLE.

El hombre cultiva o crea una cultura que lo forma para mejorar su propia "condición natural", lo que pone sobre la mesa que cuanto más una cultura se establece en una sociedad, eso será lo que dirija su rumbo y dirección. Veámoslo desde el punto de vista científico, a través de lo que se conoce como *ciencia normal* y *ciencia extraordinaria*. Ambos conceptos están medidos por la idea de un cambio sustancial, es decir, un *cambio de paradigma* que reestructura a la misma ciencia, sus normas, problemas y teorías. Durante la etapa de la ciencia normal las hipótesis se reajustan, se refutan, se reforman, se prueban, es decir, solamente se dan

---

30. Laje, p. 18.

"reajustes", pero dentro del mismo paradigma. Pero cuando se presenta la ciencia extraordinaria, provoca crisis que se desencadenarán en revoluciones científicas, que terminan desplazando a los paradigmas o en su defecto reemplazándolos por otros.

De la misma manera sucede con la cultura. Un *conflicto cultural ordinario* no cambia ningún paradigma, no hay ningún cambio estructural. Tomemos el ejemplo de la familia; un conflicto ordinario sería la discusión o separación del matrimonio, provocando que el padre y la madre vivan su propia vida con acuerdos o condiciones acordadas. Un *conflicto cultural extraordinario* provoca un cambio de la índole del sistema mismo. Es decir, se alteran las instituciones, ya no engranan como antes con otras instituciones existentes. Regresando al ejemplo de la familia, un conflicto extraordinario provocaría que ya no se conciba a la familia como un padre y una madre, sino como ahora lo vemos en los llamados *matrimonios igualitarios*, donde dos hombres o dos mujeres hacen paternidad. En el siguiente capítulo hablaremos del poder de la comunicación masiva que, justamente, magnifica estos conflictos extraordinarios.

AQUELLOS QUE COMPARTIMOS LOS MISMOS VALORES, CREENCIAS Y COSTUMBRES DEBEMOS UNIRNOS A UNA MISMA CULTURA QUE VUELVA A CULTIVAR LO QUE CREEMOS.

Es así que la gran batalla que tenemos por delante y que definirá las próximas olas que vamos a surfear se centrará en cómo el hombre se cultiva o crea cultura. Esto es desafiante porque las innovaciones tecnológicas no solamente aceleran los cambios, sino que también crean importantes cambios culturales, y son estos cambios culturales los que allanan el camino para la innovación tecnológica.

¿Quién o quiénes ganarán esta batalla cultural? Considero dos grandes vertientes triunfadoras: la *opinión pública* y la *comunicación masiva*. Ambos conceptos los abordaremos en los próximos capítulos. Estamos por vivir una de las batallas más importantes, aquella sobre la culturización de nuestros hijos y la sociedad, asunto nada menor. "Las revoluciones políticas suelen proponerse cambios culturales, pero es raro ver revoluciones políticas triunfantes que no hayan estado precedidas por alteraciones culturales", opina Laje.[31]

La cultura es, al unísono, aquello que está en juego y donde se juega lo que está en juego. Es tiempo de jugar con tenacidad, con un solo mensaje, con una dirección precisa, no de manera aislada sino en equipo, aquellos que compartimos los mismos valores, creencias y costumbres debemos unirnos a una misma cultura que vuelva a cultivar lo que creemos.

En la batalla debe haber un grupo que decida emprender la batalla. ¿Serás tú uno de ellos?

---

31. Laje, p. 34.

EXPEDIENTES DEL CAMBIO #3
JOSÍAS

Josías es un personaje de la Biblia al cual he admirado por años. Josías era un niño de 8 años que heredó un legado de maldad que había durado 57 años. Su padre Amón y abuelo Manasés fueron personas que permitieron en sus gobiernos prácticas y valores incorrectos, tales como reconstruir los santuarios y altares paganos; sacrificaron en el fuego a sus hijos, practicaron la magia, la hechicería y la adivinación; en resumen, descarriaron a los habitantes de Judá y de Jerusalén.

En el gobierno de su padre Amón hubo conspiración contra él y lo asesinaron en su palacio, y al mismo tiempo la gente mató a todos los que habían conspirado contra él; fue un golpe de Estado que terminó en asesinatos. Es así que ahora tienen que elegir a un nuevo rey, y por tradición y ley sería el hijo de Amón, llamado Josías. Pero el gran desafío es que estaba muy joven, tan solo tenía 8 años.

HOY NECESITAMOS DEJAR LEGADO Y VALORES EN LOS CUALES LAS PRÓXIMAS GENERACIONES PUEDAN ANCLARSE.

Josías pudo haber elegido dos líneas muy diferentes de educación y valores. Por un lado, estaba todo lo que su padre y abuelo habían hecho, o seguir los principios que habían llevado al país de Israel a tener éxito. Decidió buscar, investigar y adoptar los estatutos y valores de uno de sus antepasados que había marcado la historia: el gran rey David.

Josías tenía ocho años cuando ascendió al trono, y reinó en Jerusalén treinta y un años. Josías hizo lo que agrada al SEÑOR, pues siguió el buen ejemplo de su antepasado David; no se desvió de él en el más mínimo detalle.

(2 Crónicas 34:1, 2, NVI)

Pareciera que hoy estamos viviendo algo muy similar, en donde lo bueno es malo y lo malo es bueno; el civismo se ha perdido en los colegios; la discriminación y *bullying* crecen; la corrupción es solo una buena bandera política, pero sigue siendo un cáncer que mata proyectos; asesinatos a la luz del día; abuso infantil, trata de personas, entre otras cosas más. En estos bebés que han nacido y están por nacer en la antesala de la ciudadanía digital está nuestra esperanza. Así como hubo un "bebé revolucionario" que decidió buscar lo que había dado el éxito en el pasado, hoy necesitamos dejar legado y valores en los cuales las próximas generaciones puedan anclarse.

Este joven Josías reconstruyó lo que se había deteriorado, no se desvió en el más mínimo detalle de lo que su antepasado David había practicado. A su corta edad logró entender principios clave como el trabajo y la honradez. Él sabía que tenía que levantar un nuevo equipo con una cultura diferente, no dejó que la *ciudadanía global* que imperaba en aquel tiempo determinara cómo debía hacer las cosas, sino que decidió anclarse a los valores correctos y el resultado fue increíble.

También les dieron dinero a los carpinteros y albañiles, a fin de que compraran piedras de cantera y madera para las vigas de los edificios que los reyes de Judá habían dejado deteriorar. Estos hombres realizaban su trabajo con honradez.   (2 Crónicas 34:11-12)

DETENTE Y EVALÚA:

1. ¿Cómo entendiste el concepto de "ciudadanía global"?

_____

_____

_____

2. Si tienes bebés o hijos pequeños, o estás en edad de tenerlos, ¿cómo manejarías que ellos fueran niños "digitales" de esta generación, con una intuición cibernética mayor a la tuya? Describe cómo les darías la oportunidad de ser lo que inevitablemente van a ser, y a la vez educarlos en tus valores.

_____

_____

_____

3. ¿Qué opinas de que seamos ciudadanos globales a base de nuestra comunidad de valores, intereses y creencias, en lugar de ser ciudadanos de diferentes países, sin considerar lo que compartimos como seres humanos?

_____

_____

_____

4. ¿Te reúnes a través de los medios cibernéticos con personas de lejanos países del mundo, con quienes tienes afinidad de creencias y conocimientos? ¿Cómo comparas esas relaciones con las de personas que están más cerca de ti?

_____

_____

_____

5. Después de leer este capítulo, notarás que la privacidad no existe en el mundo de hoy. ¿Cómo podríamos resolver esta situación?

_____

_____

_____

4

¿EL SEXO DÉBIL?

Cada vez más vemos cómo las mujeres se están posicionando como un factor clave en la sociedad actual. Mucho de lo que pasará en el mundo en los años por venir dependerá de ellas. Esto es de notarse, ya que vemos cómo las prioridades de muchas mujeres han cambiado. Por ejemplo, hoy día muchas ya no desean tener hijos; es más importante hoy terminar sus estudios y ser parte en la toma de decisiones de proyectos profesionales. Ser mamá no precisamente es impedimento para esto, ni solo depende de la mujer concebir; sin embargo, sabemos que está decisión es mayormente de ellas. Es una gran responsabilidad.

Las mujeres son fundamentales al dar vida, y cada vez más están siendo protagonistas infaltables en el devenir de la sociedad, como lo señala el siguiente dato de Mauro Guillén: "En 1950, 7% de las mujeres entre 25 y 29 tenían título, actualmente es el 40% y los hombres 32%. La tendencia continúa al alza, nos guste o no, han llegado al mundo las nuevas millonarias, emprendedoras y líderes del futuro".[32]

Esta estadística me emociona, pero a la vez me hace reflexionar acerca de si el mundo estará listo para que las mujeres sean las protagonistas. Mi esposa Michelle está estudiando su segunda carrera, domina el inglés y el español, es una conferenciante exitosa, también es mamá de tres hijos, y dirige a mi lado una iglesia muy grande con muchas responsabilidades. Tengo que reconocerlo, las mujeres tienen un potencial inmenso y poseen habilidades únicas. Precisamente ella me platicaba que en la materia de Investigación de Imagen Pública, su equipo decidió analizar la imagen de la Dra. Claudia Sheinbaum (gobernadora de la Ciudad de México) con la intención de saber si tiene ciertas cualidades para ser la próxima presidenta de México. Al hacer su análisis se encontraron que tal decisión no depende meramente de la gobernadora, sino de otras variables culturales y sociales. Por lo tanto, la pregunta correcta sería: ¿México estará listo para tener a una mujer como presidenta?

Estamos frente a un caso que va más allá de cuestionar sus capacidades o habilidades, sino que reposa sobre un asunto de aceptación cultural. Esto pinta un panorama de reto para México, porque de entrada el futuro de este país

---

32. Mauro F. Guillén. *2030. Cómo las tendencias más populares de hoy darán forma a un nuevo mundo.* (México: Océano, 2021), p. 27.

no sería el resultado de un análisis objetivo, sino del todo subjetivo, es decir, de comentarios, opiniones, tradiciones y no de resultados, desempeño o efectividad; además de que el machismo, el matriarcado y el feminismo imperantes estorban el funcionamiento eficiente de una sociedad.

Por tanto, si el hombre está más capacitado, adelante, que sea líder; pero si la mujer bien puede estarlo mucho más y mejor, ¿qué es lo que realmente nos impediría a los mexicanos darle oportunidad a una mujer en el cargo más importante de gobierno? Es un asunto de objetividad. Pero si la cultura y tradiciones continúan siendo el eje rector de muchos países, tal y como lo es en México y gran parte de Latinoamérica, esto bien podría frenar cambios sustanciales y nuevas oportunidades de liderazgo para los próximos años.

El siguiente dato refuerza el argumento: "Las mujeres obtienen la mayoría de los diplomas de licenciatura y posgrado en Estados Unidos, y arriba del 40 por ciento de las madres estadounidenses casadas ganan más que sus maridos. Las mujeres están acumulando riqueza más rápido que los hombres; tanto así que para 2030 más del 50 por ciento de la riqueza total se encontrará en manos de ellas".[33] Con lo anterior no estoy afirmando que las mujeres son la única o mejor opción ante las olas de cambio por venir. Tampoco estoy a favor de los movimientos feministas porque me parecen nocivos; creo en el respeto mutuo, y aunque no esté de acuerdo con alguien, eso no me da derecho al caos.

---

33. *Ibid*, p. 126.

Todo en extremo hace daño. Creo en el equilibrio, por lo tanto, veo en la cada vez más participación de las mujeres en posiciones clave de la sociedad una gran oportunidad sin precedentes. Hay un texto bíblico que en lo personal me ha enseñado mucho sobre el papel de una mujer: *La mujer sabia edifica su casa; mas la necia con sus manos la derriba* (Proverbios 14:1, RVR 1960). La oportunidad no es para la mujer necia, es decir, aquella sin preparación o argumentos o proyecto, sino para las mujeres *sabias*, que junto a otros actores —hombres y mujeres— puedan construir con sus saberes y cultura de vida y profesionales mejores escenarios, ya sea en la casa, conformando un hogar, y aun liderando países.

FEMVERSTING

El *Femversting* es un nuevo concepto que muchas marcas comerciales están usando para unir dos ideas: el *feminismo* y la *publicidad*. Ambos conceptos se relacionan con la *economía digital* y la *comunicación masiva* (que analizaremos en próximos capítulos). Según el Banco Mundial, las mujeres representan aproximadamente el 70% de las decisiones de compra a nivel mundial.

Esto significa que encima de cualquier interés "moral" o de "igualdad", las empresas saben el poder que hay en las mujeres. Por mencionar algunos ejemplos: Audi está vendiendo automóviles de alta gama mencionando que es por el "empoderamiento" de la mujer, y así supuestamente terminar con las brechas de género. Dove está diciendo que los "cuerpos femeninos" pueden lucir y hacer lo que deseen, siempre y cuando compren sus productos. Always lanzó la campaña "Rewrite the Rules" con lo que busca hacernos saber que los estereotipos negativos se pueden combatir con sus productos de higiene. GoldieBlox ha lanzado campañas para que las niñas también puedan tener los juguetes que normalmente se consideraban para niños. Pantene ha creado una campaña llamada *"strong and shine"*, cuyo mensaje es que las mujeres pueden todo y deben brillar, y la lista sería interminable.

¡Ufff! Me parece un oportunismo descarado de todas estas marcas para solamente *vender* sus productos. Y qué decir en el "día de la mujer", cuando infinidad de empresas se suben al barco para promover sus productos e incentivar el consumo de las mujeres más allá del reconocimiento.

Nos guste o no, el feminismo es un buen negocio, donde solo importa un ganar-ganar para las marcas. "El sistema económico sirve a la masificación de un determinado elemento cultural, y el sistema cultural sirve a la ganancia del mercado", afirma Agustín Laje.[34] La cultura y la economía van de la mano, y los grandes actores políticos y empresariales lo saben. Es por ello que usan a la cultura para obtener ganancias.

Ahora bien, no solamente el feminismo es un ejemplo de masificación cultural; en su momento también el machismo fue un buen negocio. Así, al paso de las décadas,

34. Agustín Laje. *La Batalla Cultural. Reflexiones Críticas para una Nueva Derecha* (México: Harper Collins, 2022), p. 255.

otras ideologías se posicionan conforme al momento en estas batallas culturales, y no todas necesariamente tienen de fondo un asunto "inocente" de respeto e igualdad. La *ciudadanía global* no siempre procura el bien de la mujer, más bien comercializa a la mujer a través de victorias ganadas en la cultura. Si la batalla cultural llamada "feminismo" no hubiera ganado en diferentes países o regiones —culturas—, no estaría teniendo el mismo impacto político, social y económico que vemos, pero hoy que está tomando más terreno con diferentes actores, pero sobre todo ciertas empresas, se aprovechan de esta ola. En los próximos años, estas oleadas culturales crecerán aún más, y debemos ser precavidos e inteligentes en no ser usados por las élites que intensifican los movimientos para obtener mayor poder económico.

> LA *CIUDADANÍA GLOBAL* NO SIEMPRE PROCURA EL BIEN DE LA MUJER, MÁS BIEN COMERCIALIZA A LA MUJER A TRAVÉS DE VICTORIAS GANADAS EN LA CULTURA.

EQUILIBRIO DE PODER

"En el 2030, cerca del 50 por ciento de los negocios nuevos en el mundo serán iniciados por mujeres".[35] Este dato me emociona, porque si algo veo en las mujeres es

35. Guillén, p. 142.

potencial para emprender. Por mucho tiempo se consideró a la mujer solo como amas de casa; hoy eso ha terminado, y estoy viendo la conformación de una generación de mujeres emprendedoras, comerciantes, profesionistas y empresarias como nunca antes. Estoy convencido de que las mujeres le hacen bien a un país, a una familia, a una cultura, que son una pieza que por mucho tiempo había sido ignorada, pero que hoy viene a ocupar un lugar que también les corresponde.

Sin embargo, no todo es color de rosa, porque así como habrá una gran oportunidad para un buen número de mujeres de sobresalir, hay muchas más que aún siguen viviendo el dolor y la discriminación. Observemos el siguiente dato: "Un estudio financiado por la Fundación Gates llegó a la conclusión de que faltando apenas 11 años para 2030, casi 40 por ciento de las niñas y las mujeres del mundo (1500 millones) viven en países sin equidad de género".[36]

Estos países que no promueven la equidad de género, sus gobiernos deberán ver con lentes más objetivos las oportunidades que se están abriendo para las mujeres, así que es un buen momento para reconsiderar políticas públicas y leyes que fomentan la igualdad en esos países. Sin embargo, en muchas ocasiones la subjetividad de las tradiciones y pensamientos obsoletos es más fuerte que la ventana de oportunidad. No es concebible que un 40% de las mujeres del mundo sigan siendo discriminadas y rechazadas por el simple hecho de serlo.

---

36. *Ibid*, p. 126.

Un área fundamental que aún está en proceso de reconocer el potencial que viene con las mujeres es la política. Los datos son sorprendentes: "A finales de 2017 los únicos dos países con más mujeres que hombres en el Poder Legislativo eran Ruanda (64%) y Bolivia (53%). Tonga, Micronesia y Vanuatu en el Pacífico Sur, y Qatar y Yemen en el Medio Oriente no tienen mujeres en sus parlamentos; 26 países tenían menos del 10% y 64 naciones tenían menos del 20%. El promedio mundial subió de 10% en 1990 a 21% en 2017".[37] Es increíble que solamente el 21% de mujeres participen en un sector tan importante como lo es la política.

Una de mis pasiones es, precisamente, la política. He estado involucrado en ese medio por más de 15 años, pude ser candidato a un cargo público, he realizado cuatro campañas políticas, fui servidor público en el sexenio del mandatario mexicano Enrique Peña Nieto (2012-2018), y he visto de cerca a muchas mujeres con una habilidad increíble para la política, así como he sido testigo al mismo tiempo de discriminación hacia ellas. Mi mamá tuvo el privilegio de ser diputada constituyente en la Ciudad de México, y ella junto con un grupo de 100 diputados y diputadas escribieron la primera Constitución de dicha ciudad.

Pude ver de cerca su labor parlamentaria, y lo que más me impresionó fue su forma de defender los valores y principios de muchas familias. Actualmente es funcionaria pública y reconozco su tenacidad para coordinar la

---

37. *Ibid*, p. 154.

alimentación de miles de niños y familias mexicanas. Sin duda alguna, las mujeres son clave, porque en general tienden a ser más honestas, responsables y muy trabajadoras. Insisto, no significa que los hombres sean menos, más bien esto representa una oportunidad para trabajar mejor en equipo.

Me gusta la frase que acuña el Dr. Guillén: "Equilibrio de poder y de estatus entre los sexos". Este es el tiempo cuando se deberían modificar las leyes que restrinjan el papel de la mujer de la política, e impulsar aquellas que fomenten e incentiven a las mujeres para participar en la vida pública. Un ejemplo de la capacidad que tienen las mujeres es que cuando hay concursos de plazas gubernamentales, a las mujeres es a quienes les va mejor. Por esta razón, el siguiente dato cobra mucho sentido: "En el 2030 la mayoría de los puestos de carrera de alto nivel en las burocracias gubernamentales serán ocupados por mujeres".[38]

El equilibrio siempre le hará bien a una sociedad y más cuando este se relaciona con el sexo femenino. Necesitamos mujeres que sean grandes amas de casa para tener mejores familias, pero también mujeres empresarias que impulsen la economía de un país. Mujeres con sentido social, pero también con autoridad en los puestos importantes. Mujeres con un carácter de lucha, pero nunca de destrucción. Mujeres que levanten la voz para bendecir y no para maldecir.

---

38. Guillén, p. 151.

EXPEDIENTES DEL CAMBIO #4
DÉBORA

La cultura cananea tuvo su origen en el Bronce Medio, aproximadamente en el años 3000 a. C. con la aparición de una serie de importantes ciudades-estado o pequeños reinos de la costa de la actual Siria, Líbano e Israel, lo que más tarde dio lugar a las ciudades fenicias. Este grupo llamado "los cananeos" eran brutales y violentos, mantuvieron por veinte años en crueldad a la nación de Israel. Eran liderados por un rey llamado Jabín, él estuvo a la cabeza de esta confederación de ciudades-estado en el norte de la tierra de Canaán.

Jabín tenía novecientos carros de hierro, y durante veinte años trató a los israelitas con crueldad y violencia, hasta que ellos le suplicaron a Dios que los salvara. (Jueces 4:3, TLA)

NO DEBERÍAMOS PELEAR ENTRE NOSOTROS CUANDO HAY ALGO MÁS GRANDE QUE REALIZAR COMO SOCIEDAD.

En el aquel tiempo existió una mujer llamada Débora, quien era la líder de la nación de Israel. Durante esos veinte años de violencia, Débora solamente reaccionaba y resolvía los problemas que tenían. La sociedad israelí estaba acostumbrada a llevar sus quejas y ver cómo el gobierno las podía resolver.

¿No se parece esto a lo que hoy vivimos? Me asusta creer que una sociedad exista para quejarse y victimizarse de cosas que le suceden en la vida. Una cosa es resolver problemas únicamente, y otra es crear las estrategias para aniquilar los problemas. Lo más sorprendente es que el pueblo iba con Débora para que les ayudara a resolver sus disputas entre ellos, ni siquiera era por la crueldad del gobierno, sino por sus problemas personales. No deberíamos pelear entre nosotros cuando hay algo más grande que realizar como sociedad. Fue así que Débora entendió que no solo se puede estar reaccionando a los problemas, sino que era *tiempo de cambio*. La historia nos relata que fue "hasta" que ella decidió levantarse cuando vinieron cambios radicales a todo el país.

> *Y acostumbraba sentarse bajo una palmera, conocida como la Palmera de Débora, que estaba en las montañas de la tribu de Efraín, entre Ramá y Betel.* **Los israelitas iban a verla para que les solucionara sus disputas.** (Jueces 4:5, TLA; énfasis del autor)

> *Las aldeas quedaron abandonadas en Israel, habían decaído,* **hasta que yo Débora, me levanté, me levanté**

como madre en Israel.

(Jueces 5:7, RVR1995; énfasis del autor)

Por mucho tiempo solamente estuvo "sentada" resolviendo, pero después Débora cambió su temporada y decidió empezar a crear las soluciones para su país. Mi esposa Michelle resuelve muchos problemas en casa y en la iglesia, mi mamá resuelve muchos problemas en su trabajo, pero cuando crean y diseñan proyectos los resultados son increíbles. Lo mismo le sucedió a Débora; estaba en ella la estrategia para terminar la crueldad que vivía el pueblo.

CUANDO UNA MUJER SE ACTIVA, UN EJÉRCITO SE ACTIVA TAMBIÉN.

Su estrategia fue reunir a diez mil hombres y salir a pelear. Pareciera sencillo, pero no fue así. ¿Te imaginas convencer a tantos hombres para que fueran voluntarios para una guerra? Tarea casi imposible, se requiere de un liderazgo capaz de reunir y convencer. No hay liderazgo más eficiente que aquel que mueve masas por convicción y no por conveniencia política o mero interés. Resulta muy interesante que Débora hizo equipo con hombres, no solo con mujeres, y aún más: le cedió el liderazgo a un hombre llamado Barac.

Cuando leo estas historias mi piel se eriza, porque en esta historia no veo a una mujer feminista compitiendo contra los hombres, sino a una mujer inteligente cediendo su poder a alguien más. Creo en las líderes mujeres, creo que los hombres podemos y debemos unir fuerzas con ellas para cosas mayores. Cuando una mujer se activa, un ejército se activa también.

Y el poder de los israelitas contra Jabín se consolidaba cada vez más, hasta que lo destruyeron. (Jueces 4:24)

DETENTE Y EVALÚA

1. ¿A qué atribuyes, según tus observaciones sobre la política del lugar donde vives, que las oportunidades de las mujeres en la política no sean tan abundantes como para los hombres?

    _____

    _____

    _____

2. ¿Cómo defines la equidad de géneros?

    _____

    _____

    _____

3. ¿Qué situaciones negativas ha traído el feminismo, a tu juicio?

    _____

    _____

    _____

4. De acuerdo con lo que leíste en este capítulo, ¿pueden las mujeres ser líderes, aparte de esposas y amas de casa?

    _____

    _____

    _____

5. En tu país, como ha afectado al comercio el uso de la figura femenina?

_____

_____

_____

5

LAS REPÚBLICAS DIGITALES

Aproximadamente tres años atrás tuve mi primer contacto con el concepto *criptomonedas*, que de entrada me pareció algo irreal y difícil de entender; pero había algo dentro de mí que me hacía creer que eso sonaba disruptivo y del futuro. Pasaron tres años, y hace unos meses conocimos mi esposa y yo a personas expertas en la criptomoneda.[39] Lo primero que les dijimos fue: "Si nuestro primer amigo nos hubiera explicado bien en qué consistía, hoy estaríamos igual de apasionados que ustedes". La lección fue que es importante el mensaje, pero un poco más el mensajero, porque de ello dependerá si el mensaje lo aceptamos o no.

---

39. Moneda virtual gestionada por una red de computadoras descentralizadas que cuenta con un sistema de encriptación para asegurar las transacciones entre usuarios.

Así fue como nos adentramos en el mundo de las monedas digitales y el *blockchain*,[40] una puerta nos ha llevado a otra y así consecutivamente hasta conocer increíbles avances en este nuevo mundo digital y financiero. "Lo que hace verdaderamente revolucionarias a las criptomonedas circulantes asciende a cientos de miles de millones de dólares. Por primera vez en generaciones hay más divisas en circulación que países, y esta discrepancia no hará sino crecer la medida en que lancen más criptomonedas, por más fugaces que sean", afirma Mauricio Guillén.[41]

ES IMPORTANTE EL MENSAJE, PERO UN POCO MÁS EL MENSAJERO.

Si yo hubiera escuchado este argumento antes de adentrarme al mundo de la "cripto", estoy totalmente seguro de que lo hubiera ignorado. Pero hoy no es así. Tiene tanto sentido que existan por primera vez en la historia más divisas que países, porque algo que entendí fue que cada vez menos dependeremos del sistema financiero actual. Es muy fácil verlo, las tendencias casi no fallan, y la tendencia indica que el *blockchain*, de la mano con las monedas digitales, van a romper las reglas del presente sistema. Tal

---

40. *Blockchain* es una cadena de bloques, los cuales contienen información codificada de una transacción en la red. Y, al estar entrelazados (de ahí la palabra "cadena"), permiten la transferencia de datos (o valor) con una codificación bastante segura a través del uso de criptografía. (Fuente: https://www.bbva.com/es/claves-para-entender-la-tecnologia-blockchain/, revisado el 13 de abril de 2022).
41. Mauro F. Guillén. *2030. Cómo las tendencias más populares de hoy darán forma a un nuevo mundo* (México: Océano, 2021), p. 263.

y como lo menciona el Dr. Guillén: "El *blockchain* transformará el mundo de 2030 porque eliminará muchos sistemas de registros y grandes cantidades de papeleo y empleos".[42]

¿Qué es la cadena de bloques o *blockchain*? Es un gigantesco libro de cuentas en donde los registros (los bloques) están enlazados y cifrados para proteger la seguridad y privacidad de las transacciones. Es, en otras palabras, una base de datos distribuida y segura (gracias al cifrado) que se puede aplicar a todo tipo de transacciones que no tienen por qué ser necesariamente económicas.[43] Esta tecnología permitirá, entre otras cosas, más innovación, mayor libertad económica y más igualdad de oportunidades. "Esto podría revertir siglos de centralización, desarmar la relación entre ciudadanos y gobiernos y desmontar la burocracia que conocemos".[44] Seguramente muchos países desarrollados aplicarán esta tecnología.

Los primeros gobiernos que logren entender, desarrollar e implementar el *blockchain* en sus administraciones podrán beneficiarse increíblemente. Mi deseo es que los países en desarrollo lo puedan hacer; como mexicano me encantaría que mi país pudiera modernizarse y explorar nuevos caminos tecnológicos para así, un día, convertirnos en una potencia económica.

---

42. *Ibid*, p. 283.
43. https://www.xataka.com/especiales/que-es-blockchain-la-explicacion-definitiva-para-la-tecnologia-mas-de-moda, consultado el 13 de abril de 2022.
44. Guillén, p. 269.

Actualmente ya existe el primer país conocido como la primera "República digital": Estonia. La revista Wired nombró a Estonia como "la sociedad digital más avanzada del mundo".[45] En un artículo para The New Yorker, Nathan Heller la llamó la "república digital" y puntualizó que "su gobierno es virtual, sin fronteras, garantizado por el *blockchain* y seguro".[46] En un viaje a Ámsterdam nos percatamos de algo muy interesante, y es que la empresa de tecnología que visitamos, sus oficinas corporativas, están en Holanda precisamente porque es un país que no tolera la corrupción y al mismo tiempo es un lugar de emprendimiento digital. Sin embargo, los fundadores de dicha corporación son estonios, la empresa se creó allá, y pude conocer un poco de la esencia tecnológica, creativa e innovadora que hay en dicho país. Para que una "República digital" sea exitosa, necesita de una economía no solo digital, sino también de colaboración entre los diferentes actores de comunicación, políticos, económicos, sociales, religiosos, entre otros más.

ECONOMÍA COLABORATIVA, UNIENDO LAS OLAS

"Una extrapolación lineal de estas tendencias indica que para el 2030 la economía colaborativa representará más del 30% del trabajo y el consumo locales", pronostica Guillén.[47] Y es evidente que los primeros en entender este concepto fueron Uber y Airbnb. Esta última empezó en el

---

45. *Ibid*, p. 276.
46. Nathan Heller, "Estonia the digital republic" [Estonia, la república digital], The New Yorker, 18-25 de diciembre de 2017.
47. Guillén, p. 228.

2007, y hoy en día tienen 4 millones de anuncios en 65 000 ciudades, y la compañía está valuada en 40 000 millones de dólares.

Los próximos líderes y emprendedores deberán ser capaces de ver las olas del mercado y la tecnología para subirse en ellas y ser pioneros en sus respectivas latitudes. De esta manera será que veremos en la próxima década cómo la economía colaborativa superará a la propiedad individual. Las nuevas generaciones están pensando en propiedad en forma colaborativa. El 50% de nuestros gastos serán en consumo "colaborativo", tales como automóviles, casas, oficinas, dispositivos. "Tener está *out*; compartir está *in*", dice Mauricio F. Guillén.[48]

Las nuevas empresas de consumo colaborativo realmente funcionan como facilitadoras, pues no producen o entregan servicios, solo reducen el costo de transacción para que así sea más cómodo y barato colaborar. La economía colaborativa puede ser una herramienta útil para la cantidad de ancianos que vendrán en los próximos años, un plan de retiro auxiliar. Por ejemplo, muchas personas de la tercera edad hoy están rentando sus casas bajo el sistema Airbnb, que es muy amigable para ellos.

LAS NUEVAS GENERACIONES ESTÁN PENSANDO EN PROPIEDAD EN FORMA COLABORATIVA.

48. Guillén, p. 230.

Mientras escribo, me encuentro en la ciudad de Washington D.C. en un foro llamado *Estamos Unidos*, en donde nos reunimos diferentes líderes del continente americano para discutir y crear estrategias que nos permitan defender y proteger nuestros valores esenciales como la vida y la familia. Nos percatamos que todos estamos peleando las mismas batallas en nuestros respectivos países, y que los esfuerzos aislados pueden tener ciertos resultados, pero cuando nos unimos cosas mayores suceden. Este ejemplo es solo una muestra de las oportunidades que surgirán para aquellos que logren entender que la cultura del "yo puedo todo" cada vez irá mermando y cambiará a una cultura de "nosotros podemos". Tal y como lo menciona Rachel Botsman: "Mi generación está pasando de una cultura del 'yo' a una cultura del 'nosotros'".[49] Esta nueva cultura repercutirá y comenzará a repuntar con más fuerza en las diferentes áreas de la sociedad.

> ## LA CULTURA DEL "YO PUEDO TODO" CADA VEZ IRÁ MERMANDO Y CAMBIARÁ A UNA CULTURA DE "NOSOTROS PODEMOS".

La revista Forbes le llama a esta nueva economía la "no propiedad",[50] donde vale más tener en equipo que

49. Sobre la cultura del intercambio véase Rachel Botsman, *What's Mine is Yours: The Rise of Collaborative Consumption* [Lo que es mío es tuyo: el surgimiento del consumo colaborativo] (Nueva York: HarperCollins, 2010).
50. Blake Morgan, "Nownership, no problem" [La propiedad sin problemas], *Forbes*, 2 enero de 2019.

funcionar solo, donde las propiedades individuales pasarán a ser propiedades compartidas. Ejemplo de esto lo dicen "las encuestas globales [que] señalan que al menos dos terceras partes de los adultos (de todas las edades) estarían dispuestos a anunciar sus casas y automóviles en diversas apps".[51] *Crowdfunding, crowdsourcing, cofreelancing,*[52] nos sorprenderemos de la cantidad de "cro" y "co" que van a surgir. Es la nueva cooperación en línea.

Pero no solamente este tipo de cooperación beneficiará a los comercios y servicios, sino a diversas esferas, y una muy importante será en la política. En 2008 la campaña del senador Barack Obama fue la primera que usó de manera efectiva estas nuevas herramientas. Se organizó a millones de voluntarios a través de mensajes de texto e Internet, y eso que aún no era común ser viral en las redes sociales, pero el equipo de Obama entendió el poder del *crowdfunding*. Pero no solamente sirve esto para ganar campañas electorales, también los gobiernos deberían usar más la economía colaborativa.

¿Cuántas empresas no estarían dispuestas a compartir sus servicios para crecer más? Estoy seguro de que no habría una sola que dijera que no. Hace unos años en

---

51. Guillén, p. 232.
52. *Crowdfunding*: o micromecenazgo es una forma de financiación que consiste en utilizar el capital de numerosos individuos a través de pequeñas aportaciones. *Crowdsourcing*: es el proceso mediante el que una empresa procede a externalizar tareas que, previamente, realizaban empleados de la propia organización. De esta forma, dejan dichas labores a cargo de un grupo de personas externo. *Cofreelancing*: el *freelance* es aquella figura laboral en la que el trabajador ejerce su profesión por cuenta propia y no trabaja para otra persona o empresa. https://economipedia.com/definiciones/.

México se usó una política pública llamada "Compras de gobierno", en donde a través de una competencia sana el gobierno adquiría a sus proveedores de servicios, y no únicamente grandes empresas sino también micro y pequeñas empresas, lo que creó un círculo virtuoso, ya que la mayoría de las MiPyMES[53] no operaban bajo la formalidad de las regulaciones gubernamentales, pero este tipo de políticas ayudó a que más empresas se volvieran formales.

¿Qué tanto podremos alejarnos del *yo* para encaminarnos hacia el *nosotros*?

"GRAN REFORMATEO"

Esta pandemia del COVID-19 vino a cambiar las reglas del juego. No fue un reseteo, sino un "reformateo", es decir, no se apagó únicamente el sistema tradicional en el cual vivíamos, sino que se formateó para empezar nuevos programas, datos y archivos de la vida humana. Por tanto, estamos ante la mayor oportunidad de cambio, algo que quedará marcado en la historia y que futuras generaciones hablarán de ello. "Una nueva infraestructura social, una nueva articulación económica, un nuevo dominio político y una nueva hegemonía cultural", establece Laje.[54]

Estos cambios que se vivirán en las diferentes esferas de nuestra sociedad estarán en gran manera determinados por la economía digital, donde el *input* o insumo más

---

53. Micro, pequeñas y medianas empresas (MiPyME).
54. Agustín Laje. *La Batalla Cultural. Reflexiones Críticas para una Nueva Derecha* (México: Harper Collins, 2022), p. 243.

importante serán los datos de los usuarios. Las empresas, organizaciones y gobiernos que tomarán ventaja serán aquellos que tengan el mayor número de información. El exdirector ejecutivo de Google, Eric Schmidt, mencionó en el Foro Económico de 2015 que pronto habrá tantos dispositivos y sensores que llevaremos puestos que ni lo vamos a percibir.[55]

Anteriormente la sociedad de consumo saturaba la cultura con bienes de consumo. Ahora la sociedad digital está saturando la cultura con la vida misma, es decir, no estamos hablando de producción económica, sino de vida. En esta ciudadanía global no quedará nada que no sea considerado cultural. Y para influir justamente en la vida misma será a través de los datos el canal más efectivo. El *input* o insumo revela el estado de una cultura, qué le gusta, qué le interesa, qué se dice, cómo se dice, qué ánimo se tiene, qué libros se leen, qué se piensa, qué se desea cambiar, qué se desea conservar; así de importante y crucial está siendo tener información. Con ello, las organizaciones tendrán mayores ventajas de mercado para hacer predicciones y manipular conductas.

Estamos hablando de una economía que se culturaliza, como lo afirma constantemente el Dr. Agustín Laje en *La batalla cultural*: "Una cultura consumida es una cultura consumada". Es así como la cadena de bloques o *blockchain* será crucial para lo que está por venir, porque al tener una base de datos distribuida y segura, este será el *input* que se

---

55. https://www.weforum.org/agenda/2015/01/why-the-best-inventions-are-never-finished/.

necesitará para afectar la cultura, y si se afecta a la cultura, entonces las ganancias económicas son muchas.

Por supuesto que estas nuevas tecnologías son un arma de dos filos. Por un lado, la información ayuda mucho para mejorar situaciones, resolver un problema o realizar un desafío; pero también engrandece los problemas, detona guerras y conflictos. Todo dependerá de la recolección y buen manejo de la información.

CIRCULACIÓN DE CEREBROS

Google, Intel, eBay, Facebook, LinkedIn y Tesla han transformado la economía de los Estados Unidos y son compañías fundadas o cofundadas por inmigrantes. Los inmigrantes son un regalo para la economía, porque se convierten en emprendedores, de acuerdo con Reid Hoffman, cofundador de LinkedIn.[56] La ciudadanía digital y las Repúblicas digitales se caracterizan por el rompimiento absoluto de las barreras territoriales. Sin embargo, aún será necesario que los gobiernos desarrollen mecanismos que faciliten la entrada y salida entre países. Con ellos, será cada vez más factible estudiar y trabajar en el extranjero, pero desde tu casa. Esto es sin duda una visión global que permite a los estudiantes y trabajadores estar desde su país de origen, y cuando sea necesario poder migrar al país donde se está estudiando o trabajando.

---

56. Guillén, p. 50.

Permíteme plantear la siguiente pregunta: ¿La migración es mala para los gobiernos? En lo personal no estoy del todo de acuerdo en que sea mala, considero que se debe trabajar en políticas públicas que apoyen al migrante y que al mismo tiempo lo incentiven a regresar a su país. Para entender mejor este argumento está el siguiente ejemplo: un joven mexicano decide cruzar la frontera de forma ilegal para encontrarse con su familia que por mucho tiempo ya ha radicado en Estados Unidos. Lo aceptan, le dan lo esencial. Luego este joven más adelante en el tiempo hace los arreglos para estudiar por allá. Al terminar sus estudios se da cuenta de que con todos los conocimientos que ha adquirido, puede detonar algo mucho más grande en su país de origen. Regresa, y andando el tiempo, encuentra el éxito en México con un negocio que emprendió y se vuelve rico. ¿Qué nos deja ver esto?

Estoy seguro de que no todos los que cruzan ilegalmente lo hacen buscando quedarse allá. Muchos jóvenes y adultos van en búsqueda de adquirir conocimiento, ideas, proyectos, para después regresar a su país de origen e implementar todo lo que recibieron en el extranjero. Sabemos, sin embargo, que esta historia no es común, porque la mayoría de las personas que cruzan a los Estados Unidos no logran estudiar ni trabajar con grandes miras; y los pocos que logran hacerlo, los gobiernos de su país de origen frenan sus sueños. La siguiente estadística de Guillén nos deja sorprendidos, pero al mismo tiempo debe abrir nuestros ojos a la realidad que está sucediendo: "Entre el 50 y 70 por ciento de los emprendedores migrantes regresaron a sus países a fundar sus propias compañías".[57]

Entonces, ¿por qué no en vez de hablar de "fuga de cerebros" proponemos una "circulación de cerebros"?[58] Con esta idea se crearía un círculo virtuoso, donde por un lado los gobiernos que reciben a los "migrantes" pueden obtener una fuerza laboral importante o una matrícula relevante, y al mismo tiempo promoverían las políticas públicas necesarias para que esos "migrantes" puedan regresar a sus países de origen y crear fuentes de empleo para muchos, o simplemente aumentar la productividad en sus empleos y familias. Ejemplo de este ganar-ganar lo vemos hoy día en Canadá, en donde recientemente la Conference Board of Canada dijo: "Si Canadá le pusiera un alto a la inmigración, experimentaría una contracción de la fuerza de trabajo, se debilitaría el crecimiento económico y se enfrentarían mayores desafíos para financiar servicios sociales como el de la atención médica".[59]

Veamos este dato sobre la primera República digital: "En el 2030 Estonia tendrá una interacción digital entre ciudadanos y sus gobiernos. En este pequeño país con 1.3 millones los habitantes pueden solicitar apoyos, obtener

---

57. Guillén, p. 57.
58. El concepto de "circulación de cerebros" fue desarrollado por AnnaLee Saxenian, "*From brain darán to brain circulation*: Transnational communities and regional upgrading in India and China" [De la transferencia de cerebros a la circulación de cerebros: Comunidades transnacionales y modernización regional en India y China], *Studies in Comparative International Development*, núm. 40, 2005, pp. 35-61.
59. Guillén, p. 53.

recetas médicas, registrar sus negocios, votar y tener acceso a cerca de otros 3000 servicios gubernamentales digitales".[60] La interacción digital entre ciudadanos y gobiernos es inevitable. No podemos perder el tiempo deteniendo el acceso a los países, sino que debemos generar una circulación controlada.

BIOECONOMÍA

Un concepto que se incorporará en las nuevas Repúblicas digitales es la "bioeconomía", y para empezar veamos una descripción básica de lo que significa: "Es una economía basada en el consumo y la producción de bienes y servicios derivados del uso directo y la transformación sostenibles de recursos biológicos, incluyendo los desechos de biomasa generados en los procesos de transformación, producción y consumo, aprovechando el conocimiento de los sistemas, principios y procesos y las tecnologías aplicables al conocimiento y transformación de los recursos biológicos, y a la emulación de procesos y principios biológicos".[61]

Considerando esta definición, veamos el caso del Internet como uno de "biología sintética".[62] El Internet es hoy en día una infraestructura invisible en la que se ha

---

60. Guillén, p. 275.

61. Comisión Económica para América Latina y el Caribe (CEPAL), documento titulado Bioeconomía en América Latina y el Caribe. Contexto global y regional y perspectivas (https://www.cepal.org/es/publicaciones/42427-bioeconomia-america-latina-caribe-contexto-global-regional-perspectivas).

62. La biología sintética se define en el primer dictamen como "la aplicación de la ciencia, la tecnología y la ingeniería para facilitar y acelerar el diseño, la fabricación y/o la modificación de material genético en organismos vivos".

construido cada aspecto de la vida moderna, tales como la mayoría de los sistemas de pago, servicios de todo tipo, educación, cadenas de suministro, entre otro más. "Economistas reconocidos como Austan Goolsbee, Peter Klenow y Erik Brynjolfsoon, han tratado de calcular el valor que se ha creado por el Internet. Sin embargo, han llegado a una conclusión similar: que sería imposible tener hoy en día un estudio que muestre el valor que tiene el Internet, ya que se ha convertido en una necesidad básica de la vida como la electricidad".[63] Si eliminamos la electricidad de la sociedad, habría consecuencias catastróficas en el ingreso, pero sobre todo en la producción de bienes y servicios. Lo mismo sucedería con el Internet.

Dicho esto, la "biología sintética" se convertirá en una tecnología de utilidad general como el Internet, su valor se incrementará más de lo que podamos pensar. Dice Amy Webb: "Los primeros indicadores de la Academia Nacional de Ciencia, Ingeniería y Medicina señalan que en enero de 2020 el valor de la "bioeconomía" fue del 5% del Producto Interno Bruto de Estados Unidos. Esto sin considerar aún lo que la pandemia provocaría".[64]

Una red de valor se crea a partir precisamente de una tecnología de utilidad general. En el caso del Internet incluye *software*, plataformas, interfaces, conectividad,

63. Amy Webb y Andrew Hessel. *The Genesis Machine. Our Quest to Rewrite Life in the Age of Synthetic Biology* [La máquina del Génesis. Nuestra búsqueda para reescribir la vida en la era de la biología sintética] (Nueva York: PublicAffairs, 2022), p. 95.
64. *Ibid.*

seguridad, cadenas de suministro, robótica, y una docena de subcategorías de negocio. La red de valor de la bioeconomía está empezando ahora mismo. "Los inversionistas han invertido en los *startups* (inicios) de 'biología sintética' 8 billones de dólares".[65]

La gran noticia es que la "bioeconomía" va a requerir conexión a Internet, automatización, nubes digitales, redes encriptadas, tecnología de información, bases de datos, entre otros más. Es así como estamos frente a una enorme oportunidad que se abrirá en los próximos años llamada "biología sintética o bioeconomía". Adrián G. Rodríguez, Jefe de la Unidad de Desarrollo Agrícola de la División de Desarrollo Productivo y Empresarial de la CEPAL, con la colaboración de Andrés Mondaini y Maureen Hitschfeld, Asistentes de Investigación de la misma unidad, estiman que "tomando la Agenda 2030 como referente, la bioeconomía es una alternativa para la especialización inteligente de los territorios, para la innovación y el cambio estructural con enfoque de sostenibilidad, así como para potenciar políticas de desarrollo agrícola y rural".[66]

Así como el Internet, la biología sintética en algún momento va a interactuar con cada industria, cada negocio, y aun redefinirá nuestro estilo de vida. "Se estima que cambiará el diseño (qué y cómo creamos), el trabajo (menos días de incapacidad por enfermedades), lo legal (qué y a quiénes protegemos), las noticias y el entretenimiento (las historias

65. *Ibid.* p. 96.
66. Consulta en linea: https://www.cepal.org/es/noticias/que-es-la-bioeconomia-cual-es-su-grado-desarrollo-america-latina-caribe.

que contamos), la educación (qué enseñamos) y la religión (en qué creemos)".[67]

¿Detrás de Estonia ya estarán formadas más naciones? Estoy seguro de que sí, y que no nos sorprenda el que nuevas potencias surjan en las próximas décadas.

---

67. Webb y Hessel, p. 298.

EXPEDIENTES DEL CAMBIO #5
JOSÉ

José fue un joven al que las condiciones externas a él lo llevaron a migrar al país más importante de aquel tiempo: Egipto. Este personaje es un claro ejemplo de una buena "circulación de cerebros" que salvaría a una de las naciones más poderosas. José creció en la tierra de Canaán, un área que comprende partes del moderno Israel, Palestina, Líbano, Siria y Jordania. Estuvo ahí hasta los 17 años, cuando sus hermanos por envidia decidieron venderlo como un esclavo egipcio. José migraría a esta gran ciudad y sería formado por una nueva cultura más avanzada. Por azares del destino llegó a estar en el palacio del Faraón. No fue fácil llegar a ese lugar, tuvo que pasar vergüenzas, humillaciones, falsedades, pero al final su buen testimonio y sabiduría lo colocaron como primer ministro de todo el país.

En una ocasión, José le propuso al Faraón un sabio consejo de rectoría económica para el Estado, que consistía en construir grandes almacenes de grano para poderlo conservar durante los años de superabundantes cosechas que tuvieron, para después en la hambruna por venir el pueblo egipcio pudiese sobrevivir. José entonces introdujo uno de los primeros sistemas tributarios de la historia, para recaudar el veinte por ciento de todo lo que produjeron en siete años de abundancia.

José hizo una primera versión de *crowfunding* exitoso, logró una economía colaborativa para así salvaguardar una nación entera. No solamente ello, sino que esta gran idea tributaria le permitió tener el "insumo" más importante: el poder de los números para conocer todo lo que producían y quiénes los hacían. No tenían los sistemas de censos económicos de hoy o el *blockchain* del presente siglo que les permitiera almacenar la información, pero sin duda se creó un sistema innovador de información, recaudación y distribución.

La historia bíblica nos dice que en los momentos que llegó la hambruna, no solamente la estrategia de José logró sacar adelante el país de Egipto, sino también a los habitantes de otras regiones, entre ellas la tierra donde habitaba toda su familia, donde más adelante sería el inicio del país de Israel. Si José no hubiese migrado a Egipto, su nación no hubiera permanecido y, por tanto, no habría Israel. Creo firmemente que hay una nueva generación de "migrantes" que estarán llegando a otros países para entrenarse, formarse y prepararse para después regresar y ayudar en sus países de origen.

Las Repúblicas digitales deberían ser gobiernos que protejan, administren y distribuyan eficientemente los recursos a través de las nuevas tecnologías. Egipto fue un claro ejemplo de cómo a pesar de los cambios que se vinieron por cuestiones externas, mantuvo su liderazgo político y económico.

DETENTE Y EVALÚA

1. ¿Te parece que la "circulación de cerebros" les conviene más a los países de donde proceden los inmigrantes o a los Estados Unidos?

_____

_____

_____

2. ¿Cómo afectó la pandemia del Covid en cuanto a la infraestructura social?

_____

_____

_____

3. ¿Qué opinas sobre la nueva economía de la colaboración? ¿Haces o harías negocios bajo ese sistema de la "no propiedad?".

_____

_____

_____

4. ¿Te gustaría vivir en una República digital como Estonia?

_____

_____

_____

5. ¿Cuáles ejemplos de bioeconomía ves en tu país?

_____

_____

_____

6

COMUNICADORES DEL FUTURO

La pandemia del COVID-19 vino a acelerar lo que debería acontecer en los próximos años. Las películas que hablaban de los cambios que pasarían en el 2030 o 2050 ahora están sucediendo, los cambios se adelantaron. Uno de los más importantes que está sucediendo es la *forma de comunicación*. Hay líderes, por ejemplo, cuyo enfoque más allá del cómo es el qué, la acción, los resultados, lo que piden eso exigen y es todo. Estas y otras maneras de liderar son, digamos, las tradicionales. Pero hoy día estamos ante una nueva forma de liderazgo bajo la batuta de lo que se ha denominado *influencers*, aquellos que mueven masas a través del canal tan poderoso que son las redes sociales, y cuya forma de comunicación es totalmente diferente a lo tradicional, con tendencia hacia la motivación, más espontánea y creadora de ilusiones; sin embargo, su llamado a la acción concreta se ve estorbado por otros intereses, siendo poco claro.

Esto me lleva a plantear la siguiente hipótesis: la comunicación es más importante que la ejecución. Podemos tener una visión perfecta, pero si no sabemos cómo comunicarla eficazmente, no se realizará nada. El Dr. Sam Chand en su libro de *Liderazgo práctico*, enseña un principio increíble: "El poder no está en el número de veces que uno lance la visión, sino el poder está en el lanzamiento perfecto".[68] Llegar a ese lanzamiento perfecto es gracias al sistema correcto, una *comunicación efectiva.*

No es lo mismo anunciar que comunicar. Cuando tú y yo buscamos comunicar algo debe hacerse con un alto grado de precisión en la formulación del contenido, aderezado con alegría, expectativa, pasión, entre otros ingredientes. Jamás será posible la ejecución de un proyecto que ya trae consigo agonía o nace sin fuerza. Todo nuevo líder debe tener como primera habilidad la comunicación.

Una buena comunicación puede detener guerras; una mala comunicación puede desatarlas y crear caos. Se viene a mi mente cuando el rey Jorge V le transmitió a su hijo, el príncipe Alberto, la importancia de la radiodifusión para la monarquía moderna. El futuro de su reinado estaría en su primer discurso que daría a través de la radio. En ese momento no importaba si los planes se ejecutarían, lo que importaba ese día era su correcta comunicación. Esto me

68. Samuel Chand. *Liderazgo práctico* (Whitaker House: 2018), p. 42.

lleva a un segundo argumento: el mensaje no solo es decir lo que es correcto, sino también hacerlo en el momento ideal y preciso.

Eso es el famoso *timing*. El tiempo es fundamental a la hora de comunicar algo. Es posible tener el mejor contenido para un mensaje, pero dado fuera de tiempo resulta inútil. En la comunicación es importante el mensaje, por supuesto también la ejecución, y a esto debemos agregar un elemento clave: el tiempo. ¿Qué hubiera pasado en el discurso del rey si este decide dar el mensaje semanas, días, incluso horas después? El resultado no hubiera sido el mismo. El tiempo no es un asunto menor; es vital para una comunicación efectiva.

> **EL MENSAJE NO SOLO ES DECIR LO QUE ES CORRECTO, SINO TAMBIÉN HACERLO EN EL MOMENTO IDEAL Y PRECISO.**

La definición de comunicación parte de principio del vocablo latino *communicare*, que significa *compartir algo o poner en común*. El líder busca poner en una misma sintonía a la familia, a la empresa, a un país; gracias a esto los resultados pueden ser increíbles. ¿Cómo lograrlo? ¿Cómo hacer que quienes nos siguen sepan a ciencia cierta lo que hacen y por qué lo hacen?

En una ocasión tuve una reunión con todo el equipo de voluntarios que sirve en nuestra iglesia *RÍO*. Asistieron más de 500 personas de manera presencial y otros 300 más se conectaron de forma virtual. Esa reunión me encantó porque pude darme cuenta de algo muy interesante. El propósito principal de ese taller fue sanar y fortalecer el corazón de cada voluntario. Durante mi participación tuve presente el siguiente párrafo: "Al reconocer a las personas, se sabrán valoradas, eso las hará sentirse profundamente motivadas para abrazar la visión y colaborar con ella. Al comprender la situación se genera un nivel de empatía que conecta a las personas; sin embargo, es importante no quedarse ahí. La asertividad consistirá en desafiar a otros a asumir su responsabilidad al cuestionarles qué van a hacer y cómo, para responder por sus hechos".[69]

Estamos ante un elemento muy importante de la comunicación en el liderazgo: la *asertividad*. "Ser asertivo es actuar de manera honesta y oportuna, respetando los derechos de los demás, pero partiendo del respeto a los derechos propios. No implica ganarles a los demás, sino vencer en el respeto muto y en la consecución de los objetivos compartidos, sin menoscabar la dignidad humana".[70]

"ERES INVISIBLE, PERO INVALUABLE".

69. Edgar Medina. *El ABC del liderazgo asertivo*. (México: Editorial Emaús, 2015), p. 24.
70. *Ibid*, p. 13.

Gracias a la comunicación asertiva el mensaje llega eficazmente al receptor, y es fundamental para la obtención de los resultados esperados. Sin duda, la ejecución es fundamental en todo proyecto, pero antes de preocuparnos en lo que vamos a hacer, debemos asegurarnos de que la gente se sienta valorada. Esto es comunicación asertiva. Y es lo que pude practicar aquel fin de semana con los voluntarios, porque antes de delimitar actividades, que supieran qué hacer, me enfoqué en abrazarlos en presencia y a distancia para conectar con ellos a través del corazón. Esto es comunicación asertiva.

La frase que aprendimos aquel día fue: "Eres invisible, pero invaluable", porque no importa que no te vean o reconozcan, debes saber que te valoramos y tu servicio tiene un valor incalculable. ¡Eso me encantó!

Es importante la ejecución de las asignaciones que delegamos a nuestros equipos, pero antes de ello debemos poner atención en cómo comunicamos el mensaje y en la asertividad al momento de comunicar, esto es, en cuidar que el terreno esté listo para que reciban nuestro mensaje. En estos días he aprendido que es mejor primero sanar el corazón, para después poder recibir nuevo contenido. Esto es ser asertivo; entonces la ejecución por parte de nuestros equipos será una consecuencia de esto.

LA COMUNICACIÓN ES COMO LA SANGRE

"La comunicación es como la sangre que corre por las venas, pues es capaz de generar vida, tanto en la empresa, como en la academia, en la familia y en cualquier otra institución de la sociedad", afirma Edgar Medina.[71] ¡Prácticamente la comunicación lo es todo! Es lo que da vida a cualquier organización. Imagínate que no tuvieras sangre, ¿podrías vivir? ¡Por supuesto que no! Sin la comunicación no podemos pensar en ejecutar. Para producir se requiere vivir, y la vida en este sentido está en la sangre que es la comunicación. Esto refuerza lo dicho anteriormente: *es más importante la comunicación que la ejecución.*

A finales del 2021 presentamos un gran proyecto que haremos en conjunto con una de las iglesias más reconocidas en el mundo, Lakewood Church, en Houston. El proyecto consiste en crear el primer centro de atención cristiano para niños con necesidades especiales en México. Me llamó mucho la atención que el llamado a la acción a los congregantes para poder aportar a este proyecto fue de cinco minutos, mientras que 40 minutos se ocuparon en transmitir la visión.

Me di cuenta que, además de comunicar con pasión, precisión y asertividad el proyecto, era necesario dar las instrucciones claras de cómo podían donar. En nuestra iglesia *RÍO* tenemos cuatro reuniones cada domingo, y en las primeras dos sentimos mi esposa y yo que no fuimos lo suficientemente claros en las instrucciones, por lo que decidimos en las últimas dos reuniones ser más precisos, y el resultado fue sorprendente: el número de personas que querían ser parte aumentó significativamente porque fuimos

---

71. *Ibid*, p. 33.

claros en los detalles. He aprendido que todo importa en la comunicación, el mensaje, la ejecución, la asertividad. Aun las simples instrucciones son fundamentales para el logro de los objetivos.

En Gálatas 5:9 Pablo dice que *un poco de levadura leuda toda la masa*. Apliquemos esto a un principio de comunicación: el no cuidar los pequeños detalles puede arruinar toda una visión.

UN MANDAMIENTO DE LA COMUNICACIÓN: "REACCIONARÁS AL MENSAJE, NO A LA PERSONA"

Hace unos meses fuimos invitados mi esposa y yo por una persona que conocimos, a un proyecto de nivel internacional sobre realidad virtual. Tan solo conocimos durante un fin de semana a esta persona y ya parecía que nos conocíamos por años, por lo que decidimos rápidamente ser parte de ese proyecto. Algo que yo le comentaba a mi nuevo amigo es que el mensaje importa demasiado como el mensajero. Si hubiera sido otra la persona que me hablara del mismo proyecto, probablemente no me hubiera enganchado, porque en este caso se cumplió lo que digo: el mensaje es igual de importante que el mensajero.

Si ponemos el ejemplo de Jesús, su mensaje era disruptivo, innovador y con un alto contenido de sabiduría, pero al mismo tiempo, Él era un gran mensajero, su testimonio intachable generaba confianza para recibir el mensaje. Por tanto, ¿cómo puedo reconocer lo que es verdadero y darle su lugar? ¿Cómo podremos identificar en los próximos años lo que es verdadero o falso? ¿Por el mensaje o por el mensajero? Me parece que ambos lados deben ser analizados, puestos en la balanza correcta para así decidir lo mejor. Cuando tenemos prejuicios sobre las personas (el mensajero), el mensaje encuentra barreras para ser recibido y entendido. Y cuando el emisor o mensajero es afín a nosotros, el mensaje halla fluidez. ¿Cómo saber qué es lo verdadero? Para saberlo yo agregaría un elemento más: la trayectoria, o como lo dijo Jesús: *Por sus frutos los conocerán* (Lucas 6:44).

Por el bien del mensaje resulta fundamental no dejarse llevar por prejuicios sobre el emisor o mensajero, porque afecta al mensaje. Son estos prejuicios de oídas los que no nos permiten ver las cosas reales y verdaderas respecto del mensaje o del mensajero. El mensaje importa mucho, y al mismo nivel también el mensajero.

Conforme a la analogía de que la sangre es como la comunicación en el flujo de las relaciones de todos niveles, debemos asegurarnos de que fluya bien y que además esté limpia. He conocido grandes líderes que no cuidan su comunicación, simplemente son grandes ejecutando, haciendo que los proyectos avancen y son muy exitosos. Lo que me lleva a preguntar: si soy muy bueno ejecutando, ¿importa si comunico bien o mal el mensaje? Desde esta perspectiva lo considero un éxito parcial, porque tarde o temprano la organización no va a aguantar solo el ejecutar bien las cosas, si en el fondo no están convencidos de por qué hacen lo que hacen. Recordemos: *comunicación asertiva.*

MENSAJE SIN VALORES ES DESTRUCCIÓN; MENSAJE CON VALORES ES EDIFICACIÓN.

Tomando de nuevo la analogía de la sangre en la comunicación, podríamos decir que los líderes que solamente se enfocan en obtener resultados y no en la comunicación, es como si nuestro cuerpo siguiera haciendo todas las actividades, sabiendo que tiene anemia. Es decir, podrá vivir y hacer sus actividades como si nada pasara, pero tarde o temprano el cuerpo no aguantará más. Muchos líderes usan una comunicación agresiva y ofensiva y logran el éxito, pero esto es sangre enferma, que no fluye bien por el sistema, y llegará un momento donde todo va a colapsar.

La comunicación posee elementos importantes que la hacen ser *pasiva* o *agresiva.* Un buen mensaje puede tener una barrera de comunicación. Si se dice de manera agresiva, no conectará con el receptor y será difícil de ejecutar. Esta frase lo dice de mejor manera: "Cuando la comunicación agresiva impera, el diálogo y la sana negociación desaparecen".[72] La agresividad nunca termina bien; al paso del tiempo traerá consecuencias y repercusiones severas. Por tanto, se deben cuidar demasiado las palabras que se utili-

---

72. Medina, p. 6.

zan y el volumen de la voz, para no caer en terrenos de una comunicación agresiva.

La comunicación pasiva es aquella que solo da el mensaje y evita argumentaciones para solo salir del paso y quedar bien. Pero en la comunicación efectiva no se puede disociar el mensaje y su ejecución a través de las emociones. ¿Qué estoy comunicando cuando me comunico? Y mi respuesta es: el mensaje debe estar en un marco de principios y valores para que haya una mejor conexión a lo que se está comunicando. Mensaje sin valores es destrucción; mensaje con valores es edificación. Para los que buscamos ser comunicadores efectivos y profesionales debemos tener un marco, la ética, bajo el que nuestra comunicación se rija. La comunicación efectiva y asertiva debe tener ética. Cuando comunicamos, la entrega del mensaje lleva un metaverso ético que refuerza la comunicación o la debilita.

Louis V. Gerstner Jr., quien fue presidente por mucho tiempo de la junta de directores de IBM, tenía un principio clave para el éxito y era el siguiente: "Las personas no hacen lo que tú comunicas, sino lo que supervisas". Esto me lleva a establecer que, *aunque haya una excelente comunicación, si no hay supervisión de nada sirve lo que comuniqué.* Este principio refuerza lo que aprendí aquel fin de semana con el proyecto que presentamos en *RÍO*, donde aunque hayamos transmitido muy bien el proyecto a nuestra iglesia, si no le damos seguimiento y supervisión, la comunicación no será completa.

Como ya se dijo, la comunicación es la sangre de toda organización, y la supervisión es la forma de mantenerla limpia y sana. Una frase del Dr. Sam Chand justamente habla sobre este principio: "La reunión antes de la reunión, y la reunión después de la reunión son más importantes que la reunión".[73] En otras palabras, preparación y supervisión van de la mano para que haya éxito en lo que voy a comunicar.

¡Comuniquemos, pero también supervisemos!

DE ORADOR A COMUNICADOR

Durante mucho tiempo, a aquellos que compartían un mensaje se les conocía más como oradores. De hecho, aún recuerdo en mis clases de preparatoria tomar clases de oratoria. Sin embargo, en ese tiempo no existían tantos medios de comunicación. Hoy ha cambiado todo, los canales de comunicación han aumentado drásticamente. El objetivo principal de la oratoria es persuadir, mover al público, más allá de ser algo para llamar la atención. Oratoria y comunicación van de la mano, porque comunicar no solo es transmitir información, sino influir y convencer a quien escucha. Comunicación lleva en su naturaleza un llamado a la acción. El mensaje no lleva a la acción, sino la manera de comunicarlo. ¿Qué papel juega el comunicador? ¿Qué característica debe tener el comunicador?

---

73. Samuel Chand. *Liderazgo práctico* (Whitaker House: 2018), p. 50.

Se dice que un comunicador es claro cuando su pensamiento penetra sin esfuerzo en la mente del público receptor. El paradigma de Laswell es una ruta de estudio del proceso de comunicación. Richard Braddock en su libro *An extension of the "Lasswell Formula"* [Una extensión del paradigma de Lasswell] (1958), agregó dos preguntas más al paradigma: ¿En qué circunstancias? ¿Con qué intención? Así, el paradigma queda de la siguiente manera: ¿Quién dice qué? ¿A quién? ¿Bajo qué circunstancias? ¿A través de qué medio? ¿Para qué propósito? ¿Con qué efecto? Estas preguntas dejan claro el salto de orador a comunicador.

> **TODO COMUNICA; TU PERSONA, TU TONO DE VOZ, TU VESTIMENTA, TUS EXPRESIONES, LOS MEDIOS QUE USAS, TUS ESTUDIOS, TU PREPARACIÓN, TU CULTURA, TU ÉTICA, TU EJECUCIÓN, TU ASERTIVIDAD.**

El comunicador debe, entonces, poner mucha atención sobre sí mismo y cuidar su credibilidad, conocimientos, experiencia y relaciones con los demás. Cuando hablamos de comunicación asertiva debemos tener en cuenta que estamos hablando en los terrenos del comunicador, más allá de los del buen orador. ¿Por qué? Porque comunicar hoy día ya no es asunto de solamente una buena voz, dicción, lectura, etc., los receptores están demandando más, son exigentes, juzgan muy rápido, rechazan inmediatamente o aplauden fuerte cuando alguien lo merece. Y los canales digitales hoy maximizan al comunicador o rechazan al simple orador. Existe una máxima en el estudio de la comunicación: Todo comunica; tu persona, tu tono de voz, tu vestimenta, tus expresiones, los medios que usas, tus estudios, tu preparación, tu cultura, tu ética, tu ejecución, tu asertividad, ¡todo comunica!

SI NO CONECTO, NO COMUNICO.

El tiempo actual que vivimos es único por ser tan disruptivo. La comunicación ha cambiado y pareciera que cada nueva tecnología desarrollada para medios digitales exige que siga cambiando. Pero hay algo que consolida mucho el ejercicio comunicativo, y son las emociones. La comunicación sucede, es efectiva y se consolida en sus objetivos si logra en el proceso de entrega del mensaje una *conexión en el plano emocional*.

Si no conecto, no comunico. Estamos en el siglo XXI, los tiempos han cambiado, las nuevas generaciones estamos enfrentando otras exigencias de la comunicación y del comunicador. Solo aquellos que puedan comprender la nueva realidad del proceso comunicativo, serán los que logren surfear con éxito sobre las nuevas olas que se avecinan.

LA EJECUCIÓN ES IMPORTANTE; PERO PRIMERO UNA COMUNICACIÓN ASERTIVA, QUE INCLUYA UN MARCO ÉTICO, EN EL TIEMPO CORRECTO Y POR MEDIO DE UN COMUNICADOR SINCERO EMOCIONALMENTE.

"Pintar la mente", ¡qué tamaño de reto para comunicar! Que el mensaje en forma y fondo por cómo se transmite quede marcado en la cabeza y corazón de cada persona. Para ello contamos hoy día con mucho más que la voz, sino con todo el arsenal de herramientas digitales que contribuyen enormemente para colorear las emociones del comunicador. El reto es: la ejecución es importante; pero primero una comunicación asertiva, que incluya un marco ético, en el tiempo correcto y por medio de un comunicador sincero emocionalmente.

EXPEDIENTES DEL CAMBIO #6
JESÚS

Se aproximaba el día de su muerte, sería encarcelado, desfigurado y crucificado por el gobierno romano. ¿Qué sentirías si estás a punto de morir de esa manera? Seguramente tus emociones y sentimientos estarían disparados. Pero este hombre, en medio del momento más horrible que pudiera existir, dio un mensaje que hasta el día de hoy sigue marcando a millones de personas. Sin duda, el mejor comunicador que ha existido en la historia humana.

Estaba por comunicar su proyecto de vida. En ese discurso final los de su propio equipo estaban impresionados y dijeron: *He aquí ahora hablas claramente, y ninguna alegoría dices* (Juan 16:29, RVR1960).

"Sócrates fue uno de los filósofos más inteligentes que pisó esta tierra. Fue un amante del arte de la duda. Cuestionaba al mundo a su alrededor".[74] Este filósofo tuvo ciertas similitudes con Jesús, porque sus ideas provocaron en aquel tiempo que también fuera condenado a muerte. Es impresionante que a Jesús no lo mataron por asesino, sino porque su mensaje vino a incomodar y a desafiar el sistema político, social y económico de aquel tiempo.

---

74. Augusto Cury. *Análisis de la inteligencia de Cristo. El maestro de las emociones.* (Thomas Nelson), p. 80.

¿Cuál fue este mensaje que provocó que la historia hasta el día de hoy se cuente como "antes y después de Cristo"?

Además de comunicar su último discurso en medio de la situación más difícil de su vida, Jesús expresó tres ideas que nunca antes más se habían hablado:

Estas cosas habló Jesús, y levantando los ojos al cielo, dijo: Padre, la hora ha llegado; glorifica a tu Hijo, para que también tu Hijo te glorifique a ti; como le has dado potestad sobre toda carne, para que dé vida eterna a todos los que le diste. Y esta es la vida eterna: que te conozcan a ti, el único Dios verdadero, y a Jesucristo, a quien has enviado. Yo te he glorificado en la tierra; he acabado la obra que me diste que hiciese. Ahora pues, Padre, glorifícame tú al lado tuyo, con aquella gloria que tuve contigo antes que el mundo fuese.

(Juan 17:1-5, RVR 1960)

1. UNA NUEVA IDENTIDAD

Glorifica a tu Hijo, para que también tu Hijo te glorifique a ti...

Hoy se habla de Jesús como el "Hijo de Dios", pero en aquel tiempo eso era una herejía para los judíos, pues ellos adoraban a Dios todopoderoso, y ahora un ser humano llamado Jesús estaba usando una nueva identidad que era la de "Hijo de Dios", la misma que no ha podido ser refutada todavía.

2. UNA VIDA ETERNA

Con aquella gloria que tuve contigo antes que el mundo fuese.

"La palabra griega usada en el texto original para expresar mundo es cosmos. Cristo reveló que antes de que hubiese cosmos, Él estaba allá junto con el Padre en la eternidad pasada".[75] En otras palabras, ¡Jesús estaba comunicando que podemos tener una vida sin límite de tiempo! Esto viene a dar perspectiva a la vida de muchas personas cuando pierden a un ser querido, pero también a no tenerle miedo a la muerte, incluso a desear esa eternidad. Este mensaje estaría destruyendo la teoría de Einstein sobre los parámetros del espacio y del tiempo. El mensaje de vida eterna de Jesús sigue dando de qué hablar y dando esperanza y vida a millones de personas en todo el mundo.

3. JESÚS ES EL CAMINO A LA ETERNIDAD

Para que dé vida eterna a todos los que le diste.

"Sócrates tenía esperanza de viajar a otro mundo. Cristo, sin embargo, se puso como piloto y como propio vehículo de ese intrigante viaje hacia dicho mundo".[76]

75. Cury, p. 76.
76. *Ibid*, p. 81.

Muchos podrán creer o no en su mensaje, pero el punto de discusión es cómo Jesús fue un gran comunicador para expresarse sobre el futuro; tanto que las buenas noticias de su evangelio resuenan ahora más fuerte por medio de los comunicadores que hoy hacen eco de ello en los medios digitales.

Lo más sorprendente del gran comunicador que es Jesús es que después de más de dos mil años su mensaje sigue siendo creído, millones han dicho que sí a su mensaje.

Pero ahora voy a ti; y hablo esto en el mundo, para que tengan mi gozo cumplido en sí mismos.

(Juan 17:13, RVR 1960)

El mensaje importa mucho, pero al mismo nivel también el mensajero.

DETENTE Y EVALÚA

1. ¿Te comunicas claramente? ¿Es lo que dices congruente con lo que comunica tu lenguaje no verbal?

_____

_____

_____

2. Cuando hablas, ¿conectas a nivel emocional?

_____

_____

_____

3. ¿Sabes comunicar lo correcto en el tiempo correcto, de la manera correcta?

_____

_____

_____

4. ¿Has observado cómo comunicas: asertiva, agresiva o pasivamente?

_____

_____

_____

5. ¿Cuánta importancia le das en tu vida empresarial y en tu vida personal a la comunicación efectiva?

_____

_____

_____

7

COMUNICACIÓN MASIVA

En la comunicación, aparte del *qué*, importa el *cómo*, factor crucial para la contundencia en el mensaje que todo comunicador está buscando. El Dr. Edgar Medina, autor del libro *El ABC del Liderazgo Asertivo*, menciona una ruta muy precisa para cuidar el cómo de nuestro mensaje. Esta ruta consiste en cuatro pasos: hechos, sentimientos, claridad y consecuencias.[77]

Los *hechos* permiten tener una base real de las cosas, es decir, el mensaje no debe estar basado en suposiciones, sino en realidades. "Hablar con los hechos promueve la objetividad y abre el camino a una comunicación más sana y efectiva", dice.[78] Me ha tocado pagar el precio de suponer cosas al momento de estar comunicando un mensaje. Esto es más

77. Edgar Medina, *El ABC del liderazgo asertivo*. (México: Editorial Emaús, 2015), p. 65.
78. *Ibid*, p. 67.

riesgoso en el mundo hiperconectado que vivimos, debido a que todo mensaje es posible de verificar su veracidad en cuestión de segundos. Lograr un mensaje basado en hechos implica investigación y preparación, esto será su base firme. Los *sentimientos* permiten conectar con la audiencia. La *claridad* mantiene el mensaje enfocado en el objetivo que se persigue, y las *consecuencias* son los límites a lo que se está comunicando.

Desde mi perspectiva, considero a los *sentimientos* como un elemento crucial para el *cómo* del mensaje, porque esto exige mucho más que el entusiasmo al momento de comunicar, sino que implica hablar con la verdad. Esta frase dice mejor lo que quiero decir sobre los sentimientos en el mensaje: "Es describir cómo nos hace sentir lo que estamos comunicando".[79] Así pues, comunicar desde adentro y con la verdad es una combinación única.

En muchas ocasiones me ha sucedido que cuando estoy dando mis conferencias y la audiencia es complicada, lo que me ha ayudado a conectar con la gente es la verdad con el sentimiento correcto, porque comunicar no es únicamente crear vínculos emocionales, sino humanos. En 2021 mi esposa y yo fuimos invitados a dar un mensaje de cinco minutos a una audiencia presencial de diez mil personas, y otros miles de forma virtual. ¡Cómo nos preparamos para ello! Pero después de varias horas de pulir lo que íbamos a decir, decidimos que debido al poco tiempo asignado, debíamos "meterle" más sentimiento al mensaje. De este

---

79. *Ibid*, p. 68.

modo, preparamos las pocas palabras que íbamos a decir, pero invertimos más tiempo en elaborar el cómo lo íbamos a hacer.

Algo similar nos sucedió a finales de 2021. Teníamos la presentación de nuestra conferencia anual a todo nuestro equipo de liderazgo de la iglesia *RÍO*. Esta reunión marca uno de los momentos más importantes de nuestra organización, porque es donde se establecen las pautas a seguir en los próximos meses, por lo que para ello me basé en los cuatro pasos de la comunicación asertiva. En ocasiones pasadas ya había manejado de alguna manera cada uno de los pasos, pero nunca de una forma sistemática ni intencional. El paso que más trabajo me costó en la preparación del discurso para esta ocasión crucial en *RÍO* fue el de las *consecuencias*, pues si no se hace con cuidado la comunicación puede sonar agresiva. Sin embargo, y como se menciona en *El ABC de la comunicación*, es importante "manejar las consecuencias negativas ante el incumplimiento o la irresponsabilidad, pero también es importante que aprendamos a valorar y manifestar las consecuencias positivas".[80] Esto significa que no por el hecho de que se le llame "consecuencia" significa que debe ser algo malo, sino que es tarea del comunicador reforzar que también hay consecuencias positivas. En mi caso, esta redirección de lo que son las consecuencias en la comunicación me ayudó a que durante la presentación ante la iglesia, resalté todo lo bueno que

---

80. Medina, p. 72.

pudiese venir si cumplíamos con los retos y desafíos que teníamos por delante.

COMUNICAR DESDE ADENTRO Y CON LA VERDAD ES UNA COMBINACIÓN ÚNICA.

Sin duda, ahora lo sé mejor. Este proceso comunicativo de cuatro pasos bien trastoca los terrenos sensibles de la comunicación interpersonal, es decir, emisores y receptores interactuando como sujetos comunicativos. En la aplicación de comunicación social o de masas, la más "tradicional" o "usual", digamos, en donde el mensaje rebasa los límites de las relaciones interpersonales, es porque sucede de una manera unidireccional hacia un gran público a veces impersonal, una masa.

Como ejemplos de medios de comunicación interpersonal están la carta, el correo, el teléfono, el telégrafo, entre otros tradicionales y con historia. Pero los medios masivos actuales tienen la gran posibilidad de difundir el mensaje más allá de un destinatario individualizado. El gran desafío, entonces, es que la comunicación masiva logre el proceso comunicativo asertivo de los cuatro pasos: *hechos, sentimientos, claridad y consecuencias.* Un mensaje masivo para un público de masas no necesariamente lleva una verdad, y no considera las consecuencias que pueda generar, porque su único objetivo es que el mensaje se difunda y se disperse hacia el mayor público posible.

Los avances tecnológicos en terrenos de comunicación han generado que la comunicación interpersonal sea cada vez menos y crezca en gran manera la comunicación masiva. Y el primer indicio de esto es la invención de la imprenta en el siglo XV, un logro que podía producir hasta 3000 páginas iguales por día (para 1840 la prensa permitía generar 8000 ejemplares por hora). Desde esta perspectiva, la sociedad de masas no crea la imprenta, sino que la usa para impulsar la masificación. El cine vino a detonar aún más la sociedad de masas.

> **LA SOCIEDAD DE MASAS NO CREA LA IMPRENTA, SINO QUE LA USA PARA IMPULSAR LA MASIFICACIÓN.**

Según Agustín Laje: "En 1922 se vendían más de 40 000 000 de entradas semanales en Estados Unidos, que pasaron a ser 90 000 000 en 1930".[81] Las guerras mundiales del siglo, en especial la Segunda, tuvieron al cine como principal protagonista de la difusión masiva, porque llegaron con este medio a millones de personas. Posteriormente vino la radio, que le hablaría directamente al hombre, y de repente todo el mundo cabía en ella. Un ejemplo del poder que tuvo este medio de comunicación

81. Agustín Laje. *La batalla cultural. Reflexiones críticas para una Nueva Derecha.* (México: Harper Collins, 2022), p. 172.

masivo fue que "la radio era el aparato que podía vehiculizar su propaganda a todos los alemanes: que Hitler llegara a existir políticamente se debe directamente a la radio y a los sistemas de megafonía".[82]

Así, muchas décadas después, pasamos por la televisión hasta llegar hoy al Internet y las redes sociales, estos últimos potenciadores de la comunicación masiva, pero trastocadores de la comunicación interpersonal. Siendo así, podemos concluir que la sociedad moderna es una sociedad de masas. El futuro estará determinado por la comunicación masiva, no importando si el mensaje está en un marco de hechos, verdades y consecuencias, eso no importa, sino que el objetivo será que llegue al mayor número de personas, a costa de aplastar a quien sea, porque lo importante es la difusión masiva.

CAMBIOS CUALITATIVOS SOCIALES

Dice Laje: "El hombre masa es un tipo histórico bien particular, que se caracteriza por acceder a todos los beneficios de la civilización sin reparar en los esfuerzos que fueron necesarios para que este viera la luz".[83] Este argumento es crucial para entender el porqué de la comunicación masiva. Hubo un momento en la historia entre el siglo IV y el XVIII que Europa nunca había superado la cantidad de 180 millones de habitantes, pero entre 1800 y 1914

---

82. *Ibid*, p. 180.
83. Laje, p. 183.

la población llegó a ser de 460 millones.[84] Este cambio no solamente sería cuantitativo, sino cualitativo, y eso modificaría la estructura social por completo, esto es que cada vez importaría menos la calidad del mensaje. A más gente, menos inteligencia invierto en el mensaje. De hecho, al "hombre-masa" se le relacionaría con el "hombre-mediocre", ya que se le puede dar cualquier forma, como la masa en sí.

Además del "hombre-masa", también encontramos al "hombre-medio", que se encuentra con ideas dentro de sí, pero no puede idear. Esto se debe a que fueron ideas que sin saber su procedencia llegaron a su mente. Normalmente esas ideas fueron producto de una comunicación masiva, y simplemente este tipo de hombre las recibe; pero al no saber más de ellas no puede generar nuevas ideas o modificarlas.

Es así que estamos hablando de que la comunicación masiva contiene un poder increíble para imponer una voluntad, y provoca que el "hombre-masa o medio" piense muy poco y se emocione más, por consiguiente, empieza a adoptar valores, ideas y costumbres que al final del día determinarán una sociedad. Max Weber decía que "el poder significa la probabilidad de imponer la propia voluntad, dentro de una relación social, aun contra toda resistencia y cualquiera que sea el fundamento de esa probabilidad".[85]

---

84. José Ortega y Gasset. *La rebelión de las masas.* (Barcelona: Ediciones Orbis, 1983).
85. Max Weber. *Economía y Sociedad.* (México: FCE, 2016), p. 183.

Siendo así, un medio masivo no es aquel que dicta leyes, sino más bien palabras y guías de conducta; su función principal es producir y difundir ideas, para que después por la presión cultural se materialicen en iniciativas y después en leyes. Los gobiernos se ven obligados por los "hombres-masa" a realizar lo que están protestando o difundiendo. Es así que las leyes no necesariamente son lo que más le conviene a un país, sino producto de una comunicación masiva. Sartori agrega justamente que la tecnología viene a detonar incluso el poder de un medio masivo: "Es tal el poder de la tecnología de las comunicaciones de masas, que puede llegar a alterar, si se lo emplea realmente a fondo, nuestros mecanismos de defensa mental".[86]

LOS MEDIOS MASIVOS MANEJAN LA AGENDA, JERARQUIZAN LAS VOCES Y **CREAN** AUTORIDADES CULTURALES MEDIÁTICAS.

Al principio de este capítulo establecí que todo proceso comunicativo debería contener al menos cuatro pasos esenciales: *hechos, sentimientos, claridad y consecuencias*, y que al no existir esto en un mensaje nos exponemos a cualquier tipo de ideas, incluso aquellas que pueden destrozar sociedades. Por tanto, los medios masivos manejan la agenda, jerarquizan las voces y **crean** autoridades culturales

---

86. Giovanni Sartori. *Elementos de teoría política*. (Buenos Aires: Alianza, 1992), p. 323.

mediáticas. Sobre el origen de los mensajes masivos lo veremos en el siguiente capítulo.

DESINFORMACIÓN

Uno de los grandes riesgos que vivirá nuestra sociedad a causa de la comunicación masiva es lo que provocará la desinformación. Un país avanza a través de la colaboración; pero lo que hoy estamos viviendo no es unidad, sino división. Ejemplo de ello es que en México vemos a un país polarizado como nunca antes; la administración de gobierno actual (2022) ha intensificado la división de la población. Pero esto no solo sucede en México, sino también en otros países como Estados Unidos, en donde la injusticia racial crece cada vez más. La epidemia de COVID-19 aceleró la desconfianza en los gobiernos, ciencia y medios de comunicación.

Asimismo, vemos como nunca el hackeo, no solo en celulares y computadores, sino en la ciencia. Es así como la bioeconomía de la que hablamos en las "Repúblicas digitales" corre un riesgo enorme. Sin duda será una tecnología que revolucionará los próximos años, pero la desinformación podría afectar enormemente su uso. Para darnos una idea de lo que hoy significa la falsa información, es que "a finales de 2020, Facebook dijo que tuvo que remover 1.3 billones de falsas cuentas. Tuvo que quitar a más de 100 *networkers* destinados únicamente para esparcir información falsa entre 2018 y 2021. Hay 35000 personas trabajando solo para combatir la desinformación".[87]

La desinformación se ha vuelto un negocio de gran rendimiento, es por ello que organizaciones se han levantado para desenmascarar este tipo de voces y negocios que se aprovechan de vender información falsa. Ejemplo de ello es una pareja muy conocida llamada "los Bollinger", quienes "ya promovían desinformación en torno a las vacunas antes de que surgiese el brote del COVID-19. Pero la pandemia les dio a ellos y a otros la oportunidad de expandir su negocio".[88] *La desinformación está provocando que la sociedad colapse.* No solo afecta en la ciencia, también en la política. La información falsa lidera la desconfianza en temas relevantes como el genoma humano, virus y otras biotecnologías, y las pone en riesgo para el futuro. Grandes proyectos han sido destruidos y se destruirán a causa de los datos falsos.

¿Cuáles son las voces que liderarán el futuro de nuestros países? ¿Voces falsas o veraces?

NUEVAS VOCES

Frente a este escenario solo veo una esperanza para el futuro: líderes políticos, sociales, económicos, religiosos

87. Amy Webb y Andrew Hessel. *The Genesis Machine. Our Quest to Rewrite Life in the Age of Synthetic Biology* [La máquina del Génesis. Nuestra búsqueda para reescribir la vida en la era de la biología sintética] (Nueva York: PublicAffairs, 2022), p. 169.
88. Consulta en línea: https://www.latimes.com/espanol/eeuu/articulo/2021-05-14/el-negocio-detras-de-las-criticas-a-las-vacunas-contra-covid.

con un alto contenido ético, que sean capaces de generar nuevas y propias ideas, con la competencia de una comunicación asertiva, comunicadores que se vuelvan esenciales en sus círculos de influencia. Es de notar que en las redes sociales ya vemos desde hace tiempo adolescentes y jóvenes explotando su creatividad al máximo y posicionándose como las nuevas voces, y que sin duda están haciendo más ruido asertivo que las actuales voces (muchas de ellas anacrónicas) que están todavía controlando los medios de comunicación masiva. ¿Por qué? "El punto es escuchar a las personas correctas, a los que tienen la capacidad de resolver problemas urgentes que parecen haber salido de la nada",[89] afirma Samuel Chand.

> **LA IGLESIA CRISTIANA EVANGÉLICA Y SUS PASTORES LOCALES ES EL LUGAR DONDE CREO FIRMEMENTE QUE SE PUEDEN LEVANTAR (Y SE HAN VENIDO LEVANTANDO) LAS NUEVAS VOCES QUE AFECTARÁN SU ENTORNO.**

Rita McGrath, autora de *Seeing Around Corners* [Viendo lo porvenir], usa un *marco* visionario para anticipar el cambio en el futuro después del COVID-19 y describe dos escenarios posibles. El primero: los líderes regresarán a lo mismo, a la vida como era antes, sin aprender

---

89. Samuel R. Chand. *El cambio ha cambiado* (New Kensington: Whitaker House, 2021), p. 67.

las lecciones del trastorno económico y cultural que hemos vivido. El segundo escenario: los líderes se darán cuenta de que la pandemia solamente agudizó los problemas existentes, por tanto, tendrán la sabiduría y valentía para hacer cambios atrevidos, siempre cuidando su familia, pero también lanzando iniciativas a toda la sociedad. Líderes que se anticipen a lo que está por venir.

Sin embargo, si la situación actual no nos incomoda, no haremos nada; si no nos duele, es seguramente porque ya nos conformamos tanto que no detectamos el dolor que está sufriendo nuestra sociedad. A veces pensamos que esas nuevas voces son las que están en los altos mandos de un país, pero no es así. La "descolonización" que veremos en el siguiente capítulo empezó en las bibliotecas, escuelas, iglesias, clubes sociales; ahí es donde surgieron las voces que hoy están afectando nuestro presente siendo interpersonales.

Tengo la fortuna de conocer a cientos y miles de líderes con nuevas voces. Ellos se reúnen cada domingo. Tienen por lo menos una audiencia de 100 personas. Esta enorme red de líderes a la que me refiero tiene un nombre que los identifica, se llaman *pastores*, y no hay mejor red social que cada domingo (presencial y virtual) donde las personas asisten voluntariamente para escuchar un mensaje muy diferente. La Iglesia cristiana evangélica y sus pastores locales es el lugar donde creo firmemente que se pueden levantar (y se han venido levantando) las nuevas voces que afectarán su entorno.

Por otro lado, necesitamos voces en los lugares donde se toman las decisiones de una nación, voces que logren influenciar a esos líderes que están en puestos de autoridad y gobierno. A veces no es necesario que un líder esté en el gobierno, pero sí que haga equipo con aquellos que sí lo están (tal es el caso del personaje que veremos más adelante).

No hay mejor momento que el que estamos viviendo. Más tarde ya será muy difícil revertir la situación actual. Las nuevas voces necesitan transformar estructuras internas y externas. Estamos en un punto preciso de inflexión, de cambio en la sociedad.

EXPEDIENTES DEL CAMBIO #7
NEHEMÍAS

Nehemías era un judío que nació en el exilio que había tenido el pueblo de Israel. Sin embargo, Ciro el Grande, primer rey de Persia, liberó de la esclavitud a los judíos de Babilonia en 539 a. C. El decreto permitió que los judíos podían regresar a su tierra. Pero la familia de Nehemías decidió no regresar, y una de las razones seguramente fue porque eran personas de influencia y poder, ya que Nehemías era copero del actual rey Artajerjes. Este puesto era de mucha confianza y responsabilidad, porque era quien debía confirmar que la comida no estaba envenenada. Es así que estando en Persia, Nehemías gozaba de poder e importancia por el cargo tan importante que tenía. Pero se había olvidado de su pueblo y tierra.

¿No será que muchos nos hemos olvidado de nuestra gente y nación? El grave error es que al tener una vida segura o marchando bien nos olvidamos de los demás, y no está mal que te preocupes por ti mismo, yo lo entiendo; pero también sé que hay muchos que fuimos llamados a no solo ver por nosotros, sino por una nación entera. Es así que Nehemías, al enterarse de la situación tan lamentable y triste en la que se encontraban los suyos, decide ponerse en acción.

Hananí, uno de mis hermanos, vino a visitarme con algunos hombres que acababan de llegar de Judá. Les pregunté por los judíos que habían regresado del cautiverio y sobre la situación en Jerusalén. Me dijeron: «Las cosas no andan bien. Los que regresaron a la provincia de Judá tienen grandes dificultades y viven en desgracia. La muralla de Jerusalén fue derribada, y las puertas fueron consumidas por el fuego».

(Nehemías 1:2-3, NTV)

Nehemías viene a ser el ejemplo de una nueva voz que se levantó en los momentos críticos de su país. Uno de los grandes aciertos que tuvo fue la sabiduría para hacer equipo con el rey de Persia, aprovechando la relación que tenía con él para pedirle su apoyo para esta gran misión. El reto consistía en reconstruir las murallas de la ciudad en tan solo 52 días. Es así que, con las cartas de autorización del rey para entrar a Jerusalén, decide emprender el viaje a su ciudad natal. No sería fácil que alguien como Nehemías convocara a un pueblo destruido y probablemente en resistencia contra él mismo por no haber venido con ellos en el momento de la liberación. Pero su liderazgo fue tan auténtico, que de diferentes tribus y regiones se unieron a su voz.

Tal y como lo vimos en este capítulo, Nehemías tuvo una comunicación asertiva: planteó los hechos, comunicó con el corazón, pero a la vez con veracidad; fue claro, y la gente entendió que habría tanto consecuencias buenas, como malas, dependiendo de qué decisión tomaran.

Entonces les dije: «Ustedes ven la mala situación en que estamos, que Jerusalén está desolada y sus puertas quemadas a fuego. Vengan, reedifiquemos la muralla de Jerusalén para que no seamos más motivo de burla».

(Nehemías 2:17, NBLA)

Por supuesto que hubo oposición que se levantó, y las voces contrarias que querían desanimarlos:

… diciendo ante sus amigos y los oficiales del ejército de Samaria: «¿Qué cree que está haciendo este pobre y debilucho grupo de judíos? ¿Acaso creen que pueden construir la muralla en un día por tan solo ofrecer unos cuantos sacrificios? ¿Realmente creen que pueden hacer algo con piedras rescatadas de un montón de escombros, y para colmo piedras calcinadas?».

(Nehemías 4:2-3, NTV)

No solamente hubo voces contrarias, sino que empezaron a conspirar contra él para matarlo. Pero Nehemías vio el peligro que se aproximaba e hizo planes con anticipación. No cedió ante la conspiración de sus enemigos, sino que se adelantó, tuvo la visión de lo que vendría y decidió cambiar el plan, pero sin detener la obra.

Finalmente, la ciudad volvió a tener sus murallas, la nación de nuevo se sintió segura, pero sobre todo, tuvo un efecto al interior de la sociedad, de modo que comenzaron a cambiar la cultura, empezaron a generar compromisos como país, alinearon su gobierno a sus valores y principios a través de reformas que realizaron.

> *Por todo esto que nos ha pasado, nosotros los israelitas nos comprometemos firmemente a obedecer a nuestro Dios. Este compromiso lo ponemos por escrito, sellado y firmado por nuestros jefes, los sacerdotes y sus ayudantes.* (Nehemías 9:38, TLA)

Nehemías logró ver cómo al difundir las ideas correctas, que después se comunicarían de manera masiva, empezó a sembrar un mensaje diferente, y al poco tiempo toda la nación judía estaba caminando en una misma dirección. Nehemías sin duda fue un gran estratega, comunicador, y un hacedor del futuro.

DETENTE Y EVALÚA:

1. ¿Cuáles son los cuatro pasos esenciales para expresar un mensaje?

_____

_____

_____

2. ¿Cómo la desinformación afecta la comunicación masiva?

_____

_____

_____

3. En tu entorno, ¿cómo la desinformación se ha convertido en una fuente de grandes ganancias económicas? Piensa en ejemplos.

_____

_____

_____

4. ¿Por qué se necesitan nuevas voces en la sociedad?

_____

_____

_____

5. Reflexiona sobre el poder de la comunicación masiva.

_____

_____

_____

8

DESCOLONIZACIÓN

Una política pública es una acción o programa que los gobiernos realizan para ayudar, beneficiar, proteger, impulsar a la sociedad. Para que una política pública sea efectiva, debe ser con la coparticipación de gobierno y sociedad civil, en donde se establecen medios, agentes y fines de las acciones a seguir para la obtención de los objetivos señalados.[90]

Las políticas públicas tienen que estar en el marco de las leyes y proyectos de nación que se realicen, deberían de ser un reflejo de la constitución política y visión de cada país. Pero, ¿dónde se genera esta visión de nación y las leyes? Creemos que solamente es por la administración en turno o en los congresos legislativos. Aunque ahí se materializan,

---

90. Consulta en linea: http://www.diputados.gob.mx/bibliot/publica/inveyana/polisoc/dps22/4dps22.htm.

no deberían iniciar ahí. Necesitamos ir al origen para poder comprender el futuro que toman los países.

Uno de los grandes autores de la modernidad que explica este concepto es Jürgen Habermas, a quien le interesó descubrir la manera en que el espíritu democrático fue consolidándose. Su teoría está fundamentada en el estudio de la esfera pública como un espacio que en el siglo XVIII se estableció con el propósito de hacer a un lado las prácticas autoritarias y así crear y sustentar una opinión pública. Su origen radica en las discusiones que se dieron en aquel tiempo en lugares públicos como clubes, parques, cafés, entre otros.

> **NECESITAMOS IR AL ORIGEN PARA PODER COMPRENDER EL FUTURO QUE TOMAN LOS PAÍSES.**

A estos individuos les interesaba quitar toda práctica antidemocrática y fortalecer los derechos individuales. Por tanto, a Habermas le incumbió cuáles son las condiciones sociales para el desarrollo de un debate racional y crítico sobre temas públicos relevantes. Estos argumentos deben venir de personas que dejarán a un lado sus sentimientos para emitir una voz crítica. "La esfera pública, en pocas palabras, no es el Estado; más bien es un cuerpo informalmente movilizado de una opinión discursiva no gubernamental que puede servir como contrapeso al Estado. En efecto, es precisamente este carácter extragubernamental de la esfera pública el que le confiere un aura de independencia, autonomía y legitimidad a la opinión pública", escribe Nancy Fraser.[91]

La esfera pública sirve para integrar a todas las opiniones individuales, y una vez que se realiza esta interacción, entonces se vuelve una sola opinión robusta y sólida. Es un espacio no determinado por el Estado o por los mercados, sino más bien está dentro de la esfera civil. Es un espacio físico que le da la oportunidad a la sociedad de reunirse. En este espacio la sociedad civil puede debatir racional y críticamente los temas relevantes en materia política, social y mercantil; aquí es donde podrá exponer sus ideas, valores, principios, propuestas, iniciativas y comportamientos.

En este sentido, la opinión pública es la voz de la sociedad civil que se genera en el espacio público, es la acción comunicativa que se gesta desde abajo y que va tomando forma con base en argumentos sólidos y racionales. El objetivo del espacio público es ser aquel que garantice la circulación de las opiniones de la sociedad civil, para que así la opinión se convierta en aquella que dé validez a la ley y sea generadora de políticas públicas.

La esfera pública, y en consecuencia el espacio público, son independientes y autónomos gracias a su carácter

91. Nancy Fraser. *Rethinking the Public Sphere: A Contribution to the Critique of Actually Existing Democracy* [Repensar la esfera pública: Una contribución a la crítica de la democracia realmente existente] en Craig Calhoun (ed.), *Habermas and the Public Sphere* [Habermas y la esfera pública] (Massachusetts: MIT Press, 1997), p. 134.

extragubernamental, lo que le da justamente legitimidad a la opinión pública que se gesta en dicho espacio.[92] "La esfera de lo público que eventualmente también se engarza con el debate crítico de asuntos políticos se convierte definitivamente en la esfera en la cual la sociedad civil refleja y expone sus intereses", decía Habermas.[93]

La esfera pública se caracteriza por una estructura sólida de comunicación que permite a cada participante canalizar y entender sus opiniones. Es decir, de nada serviría tener un espacio donde se expongan ideas sin orden y sentido, se necesita dirección y orientación. Por lo que debe existir un marco legal que le dé sustento y validez, así como temas relevantes con objetivos claros a perseguir.

Una vez que se alcancen estos principios, la sociedad civil y la opinión pública pasan a ser actores principales en la construcción del Estado de derecho. Esto es, que las leyes ya no se establecerían solamente por un grupo de personas, sino por toda una estructura organizada. "El Estado moderno presupone como principio de su propia verdad la soberanía popular que encarna en la opinión pública. Sin esta atribución, sin la presuposición de la opinión pública como el origen de toda autoridad vinculada al conjunto, la democracia moderna carece de sustancia de su propia verdad", establece Habermas.[94] Por tanto, al tener un

---

92. José Fernández Santillán. *El despertar de la sociedad civil. Una perspectiva histórica.* (México: Océano, 2003).
93. J. Harbermas. *Historia y crítica de la Opinión Pública. La transformación estructural de la vida pública* (Barcelona: G. Gilli, 1981), p. 169.
94. *Ibid*, p. 237-238.

carácter libre por parte de la ciudadanía fuera de los recintos gubernamentales, le da una identidad propia que se caracteriza por identificar e interpretar las preocupaciones y necesidades políticas, económicas y sociales de la sociedad en su conjunto.

Sin duda alguna, uno de los principales obstáculos para la esfera pública y la opinión pública es que, por un lado, se puede pensar en un mundo ideal, donde los ciudadanos son aquellos que pueden ser los agentes de cambio al exponer de manera racional y crítica sus propuestas. Sin embargo, surge en muchas ocasiones la desviación de esta opinión hacia intereses propios. A partir de esto, se introduce un nuevo concepto: la *descolonización* del territorio perteneciente a la esfera pública, para que así no prevalezca y limite la operación interesada de ciertos grupos. "Por *descolonización* se entiende como el proceso de independencia política, económica, social y cultural de una nación que ha sido dominado por un gobierno extranjero".[95] Para nuestro caso estamos usando este concepto para una independencia de la sociedad civil ante el control de ciertos poderes fácticos.

¿Cómo se puede asegurar o garantizar la libertad y autonomía del debate público frente a la cada vez mayor y más frecuente presencia de intereses claramente definidos de los poderes fácticos? ¿Hasta dónde la opinión pública puede considerarse genuinamente independiente en un país como México, en donde los intereses de grupos y partidistas han permeado en la estructura de la sociedad?

95. Consulta en línea: https://www.significados.com/descolonizacion/.

El Dr. Laje menciona que la "opinión publicada, como opinión ya no del público general sino de aquellos que tienen el poder de publicar su opinión, dispone en la sociedad moderna de las condiciones técnicas para tomar las riendas de la opinión pública y en muchos casos sustituirlas sin que se note".[96] Es justo lo que estamos viviendo en el caso de México, "opiniones publicadas" por ciertos grupos políticos e incluso a través del propio presidente por medio de sus famosas conferencias diarias denominadas "mañaneras", un ejercicio mayormente de opinión pública del mandatario que no es lo más correcto ni ha sido lo más sano para los mexicanos.

Para que la participación sea efectiva se necesita que la sociedad actúe bajo un marco legal autorizado y sustentado, pero a su vez independiente. Así lo plantea Scheuerman: "Las instituciones políticas formales desempeñan un papel clave, 'focalizando' el proceso de la formación de la opinión pública y luego codificando los resultados de este proceso al darle a ellos una forma legal vinculante. Pero el modelo de Habermas otorga una importancia especial a la sociedad civil: es el carácter libre del discurso fuera de la arena política formal lo que ahora toma una función absolutamente central al identificar, tematizar e interpretar las preocupaciones políticas".[97]

96. Agustín Laje. *La Batalla Cultural. Reflexiones Críticas para una Nueva Derecha* (México: Harper Collins, 2022), p. 199.
97. William E. Scheuerman. *Between Radicalism and Resignation* [Entre el radicalismo y la resignación] en Peter Dews, ed., Habermas: *A critical Reader* [Una lectura crítica] (Oxford: Blackwell Publishers, 1999), p. 68.

Tal y como lo decía el escritor y político François Guizot, se necesita que exista un "gobierno de la opinión pública", no que sea de palabra, sino de acciones. Se requiere un gobierno que entienda el momento que estamos viviendo y pueda echar mano de la misma sociedad civil. Si no existe un gobierno consciente de la necesidad que la ciudadanía está pidiendo, será muy difícil construir un Estado fuerte y democrático. Habermas decía: "Hay que impulsar al conjunto de los ciudadanos incesantemente y en toda ocasión a buscar la razón, la justicia y la verdad que deben regular el poder. El sistema representativo procede de la siguiente manera: primero, por medio de la discusión que obliga a los poderes existentes a buscar la verdad en común; segundo, por medio de la publicidad, que hace a estos poderes ir al encuentro de la razón, la justicia y la verdad bajo el escrutinio de los ciudadanos; y en tercer lugar, vía la libertad de prensa, que estimula a los ciudadanos a esa misma búsqueda y a planteársela al poder".[98]

Para explicar este último concepto de la publicidad se usarán dos perspectivas sobre la esfera pública, los de Bentham y Kant, ya que fueron los dos autores que al final del siglo XVIII representaron la fundación intelectual para cualquier discusión de índole pública. A Bentham se le considera como la perspectiva débil, ya que razonaba que lo público solamente tenía que ver con la utilidad, lo concebía como el principio supremo de lo público, como aquel bajo el cual se debían regir todos los demás elementos. Por

98. J. Harbermas. *Historia y crítica de la Opinión Pública. La transformación estructural de la vida pública* (Barcelona: G. Gilli, 1981), p. 101.

consecuencia, si se podía obtener una utilidad, entonces también la felicidad. Sin embargo, Kant, por su parte, criticó este argumento debido a que el principio de la felicidad no podía ser el eje central para la política como lo es para la moral, debido a su ambigüedad.

El principio que debe regir todo es el derecho, lo correcto basado en la ley. Así, Kant creía que la publicidad podía resolver conflictos morales y políticos por medio del derecho público, basado en la soberanía y dignidad. Según José Fernández Santillán: "Simplemente no hay democracia donde no hay deliberación, sea en el seno de la sociedad civil o en el seno del Estado".[99] La publicidad es una máxima legal que todos deben obedecer, lo que es correcto no debe contradecir a la razón, y lo que es racional siempre es públicamente comunicable. Esa razón surge de la opinión pública, o más bien, del enlace que se forma en las sociedades liberales democráticas entre la opinión pública y el gobierno. Es el lazo entre la voluntad y la racionalidad. Para Kant, la publicidad es simplemente el derecho como individuos que se tiene; todo está mal si está fuera de la publicidad.

Solo lo público puede garantizar la armonía entre la esfera política y económica. Si se tiene este principio, entonces se tendrá la libertad de enseñar y libertad de expresar, tanto para el gobierno como para la sociedad civil.

---

99. José Fernández Santillán. *El despertar de la sociedad civil. Una perspectiva histórica.* (México: Océano, 2003), p. 216.

A pesar de estas ideas, Bentham no lo entendía igual, ya que lo público era únicamente tratar de sobrevivir a las leyes y a todo lo que conlleva sanciones e imposiciones. La publicidad para este autor es el estándar de lo que está bien o mal sin necesidad de alguna intervención civil, y la única manera de comunicarlo será, no por medio de la razón individual, sino por el cuarto poder llamado "prensa".

> **LO QUE ES CORRECTO NO DEBE CONTRADECIR A LA RAZÓN, Y LO QUE ES RACIONAL SIEMPRE ES PÚBLICAMENTE COMUNICABLE.**

Estas dos perspectivas permiten ver cómo una de ellas se quedó en la idea de lo público simplemente como el gobierno protagonista, autoritario, monopolista, rígido. Sin embargo, para este tiempo es totalmente obsoleto retomar estos principios. Kant fue aquel que estableció las bases para lo que hoy debe ser lo público, y una publicidad no definida desde el *marketing*, sino una publicidad como el elemento que transmite las ideas, argumentos, propuestas e iniciativas que se generan en la sociedad civil.

La publicidad es un sistema que pide justicia, es el derecho personal de publicar la razón, es el derecho de comunicar. Se deben considerar tres elementos clave para su operación: primero, procedimientos legales para implementarla; segundo, las condiciones suficientes y necesarias para su operación y, tercero, que sea medible para la evaluación. Mientras escribo estas ideas y principios me encuentro en la ciudad de Washington con un grupo de líderes de Latinoamérica en un foro llamado *Estamos Unidos*, en donde justamente nos reunimos cada año para discutir los problemas sociales que vivimos en nuestros países, enfocándonos en la libertad religiosa, la vida y la familia.

Es muy interesante cómo se han generado ya políticas públicas en varios países. La dinámica que hacemos es que reunimos a los líderes religiosos más importantes de todo el país, es un grupo plural, donde si bien no creemos en lo mismo en términos espirituales, sí podemos coincidir en temas relevantes que fortalecen nuestras creencias y libertades. A través de mesas redondas dialogamos, discutimos y creamos iniciativas que beneficien al sector que cada líder representa, y después de varios meses de trabajo logramos integrar una opinión pública formal al Estado. Recientemente se logró ya tener la primera ley aprobada por el Gobierno de Guatemala.

> LA PUBLICIDAD ES UN SISTEMA QUE PIDE JUSTICIA, ES EL DERECHO PERSONAL DE PUBLICAR LA RAZÓN, ES EL DERECHO DE COMUNICAR.

Esto es solo un ejemplo claro de que sí es posible tener una esfera pública racional, sólida y eficaz. Pero en cuántos sectores realmente vemos a una sociedad civil organizada, me parece que *hay una escasez de líderes que logren movilizar, convocar y generar propuestas de alto nivel*. Pero al mismo tiempo, veo una sociedad con pocas propuestas, poco preparada y distraída en el mundo digital, que cree que los comentarios o *likes* generan propuestas, pero esto no es así. Se necesita elevar el nivel de discusión y acción. Afirma Laje: "La opinión pública, después de todo, no es mucho más que eso: opinión; y, como tal, es altamente contingente y manipulable".[100] Es inestable y fluctuante por naturaleza, pero al mismo tiempo la opinión pública es una de las arenas de combate más importantes para este tiempo. Por ello, no podemos ignorarla; no podemos no estar ahí, es crucial para el futuro.

Evadir y ser indiferente a los asuntos públicos de un país es estar condenados a las decisiones de unos cuantos, es igual a vivir en una sociedad pobre, ya que la riqueza viene de las muchas ideas de los diferentes ciudadanos y sectores. De forma simultánea, se requiere un gobierno de la opinión pública que propicie el ambiente y los espacios correctos para la esfera pública. Paralelo a cada dependencia de gobierno deberían existir espacios públicos autónomos e independientes. "La opinión pública es la guía de todo político cuyo éxito dependa del voto del público. Un buen político es un buen intérprete", de acuerdo con Laje.[101]

---

100. Agustín Laje. *La Batalla Cultural. Reflexiones Críticas para una Nueva Derecha*. (México: Harper Collins, 2022), p. 161.
101. Laje, p. 159.

UN PUEBLO QUE NO OPINA NADA, NADA PUEDE DECIR.

La próxima década requerirá no una sociedad analfabeta e indiferente, sino una inteligente y participativa. Los gobiernos ya no pueden sostener solos a sus países; urge el pilar de la esfera y opinión pública, *descolonizar* el mensaje, sacarlo de los intereses de grupos y partidistas que han permeado en la estructura de la sociedad. Un pueblo que no opina nada, nada puede decir.

EXPEDIENTES DEL CAMBIO #8
TIMOTEO

Me encanta ver cómo generación tras generación siempre ha habido hombres y mujeres que se levantan para preservar los principios y valores que llevan al éxito. Estos hombres en su tiempo han representado los últimos eslabones de sus generaciones, lo que ha permitido que su mensaje perdure en el tiempo.

En los tiempos de la "primera iglesia" que se relatan en la Biblia, había un joven gentil, es decir, de madre judía creyente, pero de padre griego (quien estuvo ausente), por lo que el cuidado de este joven de nombre Timoteo estuvo bajo la responsabilidad de su madre Loida y abuela Eunice, quienes le dieron una muy buena educación judía. Además de ellas, este joven tuvo un mentor clave para su vida: el apóstol Pablo de Tarso. Él había sido un perseguidor de los cristianos de esa época de la primera iglesia, pero después fue transformado para ser un gran líder. De hecho, a él se le atribuye haber continuado lo que los apóstoles de Jesús habían iniciado. Sin embargo, Pablo entendía que Timoteo era el último eslabón para conectar a su siguiente generación. Él ya había cumplido con su parte, estaba a punto de morir, por eso le importaba tanto que Timoteo entendiera y continuara con el mismo mensaje.

154 Cambiar o morir

Timoteo se enfrentó a muchas dificultades, una de las más latentes fue que en su liderazgo había muchos miembros cuyas convicciones se habían terminado, y aunque a este joven le costara la vida se mantuvo firme, ya que se opuso a la adoración de otros dioses, entre ellos la diosa Diana.

EL ESLABÓN DE LA PRIMERA IGLESIA

La primera iglesia tuvo sufrimientos muy severos; los que profesaban el cristianismo eran bárbaramente torturados y quemados. Es por ello por lo que gran parte del Nuevo Testamento fue escrito en la prisión. Pablo, el líder de Timoteo, se encontraba preso; parecía el final de la primera iglesia, ya que el encarcelamiento de Pablo "detenía" la propagación del evangelio. Sin embargo, el *espacio público* para este gran líder sería la cárcel. Su comunicación fue con argumentos sólidos y racionales que su discípulo Timoteo adoptaría, pero también los empezaría a transmitir. La preocupación de Pablo era grande, ya que sabía todo a lo que se iba a enfrentar Timoteo, por ello le dedicó las siguientes palabras:

*Mantente preparado, sea o no el tiempo oportuno. Corrige, reprende y anima a tu gente con paciencia y buena enseñanza. **Llegará el tiempo en que la gente no escuchará más la sólida y sana enseñanza. Seguirán sus propios deseos y buscarán maestros que les digan lo que sus oídos se mueren por***

oír. *Rechazarán la verdad e irán tras los mitos. Pero tú debes mantener la mente clara en toda situación. No tengas miedo de sufrir por el Señor. Ocúpate en decirles a otros la Buena Noticia y lleva a cabo todo el ministerio que Dios te dio. En cuanto a mí, mi vida ya fue derramada como una ofrenda a Dios. Se acerca el tiempo de mi muerte. **He peleado la buena batalla, he terminado la carrera y he permanecido fiel.***

(2 Timoteo 4:1-7, NTV; énfasis del autor)

Hay una frase en particular de esta porción bíblica que me llama mucho la atención: *Seguirán sus propios deseos y buscarán maestros que les digan lo que sus oídos se mueren por oír.* ¿La opinión pública es aquello que la gente quiere o debe escuchar? Este es solo un ejemplo de lo que pasa en la vida pública y el desafío que siempre se tendrá: escuchar lo que quiero o debo.

Timoteo representa el último eslabón de esta organización llamada primera iglesia o iglesia primitiva. Si él hubiese decidido comunicar lo que la gente quería escuchar, seguramente este gran proyecto que inició con Jesús se hubiera terminado. Pero el gran líder Pablo había cumplido, tal y como lo mencionó en sus últimas palabras: *He peleado la buena batalla, he terminado la carrera y he permanecido fiel.* Por tanto, ahora era tiempo de Timoteo de hacer lo mismo, de comunicar con claridad el mensaje.

Han pasado más de 2000 años y el mensaje de Jesús, enseñado por Pablo y transmitido por Timoteo sigue

creciendo. Es impresionante cómo una sociedad civil organizada, en este caso la iglesia primitiva, se mantuvo por personas que lograron comunicar la *opinión pública* de los primeros cristianos. A pesar de que el Imperio romano quería
apagar el mensaje de Jesús, los líderes de aquel tiempo *des-
colonizaron* el mensaje y lo sacaron de la arena política para
llevarlo a la sociedad.

DETENTE Y EVALÚA:

1. ¿Te consideras un líder?

    _____

    _____

    _____

2. ¿Cómo los medios forman la opinión pública? ¿Cómo la forman los gobiernos?

    _____

    _____

    _____

3. ¿Qué gobierna la opinión pública?

    _____

    _____

    _____

4. ¿Cuáles son los elementos de una publicidad saludable?

    _____

    _____

    _____

5. Los diversos sectores de la sociedad, ¿tienen una participación efectiva en los cambios que están ocurriendo y que ocurrirán?

    _____

    _____

    _____

9

DESAFÍO A TU POTENCIAL

Hay obras por las que pasan los años y siguen siendo un ejemplo y referente para el presente y futuro. Por supuesto que hay obras de mal y de bien, cada personaje que te he presentado en los pasados capítulos fueron hombres y mujeres cuyas obras han trascendido por generaciones. Una obra trasciende por dos razones principalmente: 1) porque sobrepasa el estándar de atrevimiento o acción; y 2) porque deja un beneficio para la sociedad o historia. Cada generación tendrá sus propios retos y desafíos, el problema es que nos victimizamos creyendo que nadie ha pasado por lo que hemos vivido, y no es así. No podemos decir que una generación tuvo más dificultades que otra; al final, todas han tenido sus luchas.

Si a nosotros nos tocó vivir en este tiempo, no debemos victimizarnos, sino asumir la responsabilidad de nuestro presente y futuro. En este penúltimo capítulo te estaré compartiendo reflexiones extraídas de una obra literaria del extinto pastor y conferenciante Myles Munroe, *Libere su potencial. Encienda el motor del destino y la productividad.* "El precio de la grandeza es la responsabilidad". Estas palabras fueron dichas por Sir Winston Churchill. Contienen una verdad que debería ser guardada y atesorada. Las tumbas están llenas de hombres y mujeres que nunca llegaron a ser grandes porque jamás asumieron la responsabilidad sobre sus habilidades".[102]

"EL PRECIO DE LA GRANDEZA ES LA RESPONSABILIDAD" —SIR WINSTON CHURCHILL

Cada uno de los personajes que te he presentado asumieron su responsabilidad en su generación. Lo que hubiesen dejado de hacer en su presente iba a repercutir en el futuro de sus generaciones. En la actualidad veo a muchos hombres y mujeres que abortan su propósito y, por lo tanto, su potencial nunca lo usaron. La palabra aborto es muy fuerte, de hecho, es controversial, pero no solamente se limita a la destrucción del feto en el vientre de la madre sino también a la muerte de tu potencial. "El aborto es la ignorancia de la responsabilidad y la negación de la obligación. Es la comodidad de uno mismo a cambio de perder

---

102. Myles Munroe. *Libere su potencial. Encienda el motor del destino y la productividad* (Destiny Image International, 2017), p. 23.

todo fruto, porque todo aborto sacrifica la responsabilidad. El aborto del potencial condena el futuro".[103]

De modo que, cualquier aborto, ya sea de una visión, sueño, proyecto, empresa, negocio, familia, liderazgo, etc., es igual a no asumir las responsabilidades y obligaciones que nos corresponden, para afectar con ello no solamente nuestro futuro, sino el de las próximas generaciones.

¿Por qué sí es tu responsabilidad y obligación sacar todo tu potencial? Porque ganaste la carrera más importante, competiste contra 40 millones de participantes, donde la probabilidad de que ganaras era de 0.000.000.04, ¡casi imposible! Para que te des una idea de la competencia que ganaste, es que hubiera sido mil veces más fácil vencer en las elecciones para presidente de un país. ¡Esta carrera que ganaste es la de la vida!

EL ABORTO DEL POTENCIAL CONDENA EL FUTURO.

Al ganar fuiste habilitado con un potencial ilimitado para alcanzar un propósito increíble en la tierra. En ese momento que te entregaron la medalla y diste a luz en el mundo, te convertiste en una semilla de grandeza que espera germinar. En otras palabras, esa semilla es el potencial que hay dentro de ti. "Una semilla, antes de ser liberada

---

103. *Ibid*, p. 25.

es solo la promesa de un árbol".[104] Tú eres una promesa, la gente espera de ti no que te quedes como una semilla, sino que seas un árbol y des mucho fruto. Tu naturaleza es la de un campeón.

Aquellos que creemos en el cielo y el infierno podemos asumir que hoy los personajes presentados en este libro: Josué, Caleb, Débora, Ester, Mardoqueo, José, Josías, Nehemías, Timoteo, y por supuesto Jesús, están en el cielo disfrutando de la eternidad, tal y como lo menciona el siguiente pasaje, donde no habrá más dolor, ni tristeza.

Él les enjugará toda lágrima de los ojos. Ya no habrá muerte, ni llanto, ni lamento ni dolor, porque las primeras cosas han dejado de existir.

(Apocalipsis 21:4, NVI)

> TU TIEMPO Y MOMENTO ES AHORA;
> NO DEJES QUE SE PASE; NO PIERDAS
> TUS DÍAS EN COSAS IRRELEVANTES;
> SOLO SE VIVE UNA VEZ.

Sin embargo, si me permites suponer que ellos ahora mismo pueden ver a la tierra, y nuestras acciones, ¿no crees que se les antojaría regresar? En cielo no tendrán ya más desafíos, no hay dolor, no hay preocupaciones; pero no crees que de repente quisieran estar una vez más aquí y volver a

---

104. Munroe, p. 19.

realizar los desafíos por los que pasaron. Todos en algún momento partiremos de esta tierra, ¿qué legado dejarás?

Te imaginas si cada uno de estos personajes cayeran a la tierra en este siglo, en esta década, ¿cambiarían las condiciones actuales? Si uno o dos fueron cambio en su momento, no me imagino juntos lo que podrían hacer. En el cielo ya no tendremos que usar la fe; en la tierra sí. En el cielo hay recompensas; en la tierra se marca la diferencia.

+ Abraham debe estar viendo las estrellas que Dios le prometió; pero ya no tiene el desafío de guiar a un pueblo de millones de personas.

+ Moisés está en la verdadera tierra prometida; pero ya no puede tener un mar que abrir.

+ Josué y Caleb deben tener una gran morada celestial; pero ya no tienen una tierra que conquistar.

+ Gedeón está disfrutando los banquetes celestiales; pero no tiene más que ganar una batalla con solo 300 hombres.

Hoy tú y yo sí tenemos la gran oportunidad de dejar un legado para siempre, de ser uno de esos personajes que marquen la diferencia, que cambien su entorno y revolucionen sus ciudades. Ellos y otros más ya están en el cielo. Esta pandemia se llevó a miles de personas, pero tú sigues con vida. Tu tiempo y momento es ahora; no dejes que se pase; no pierdas tus días en cosas irrelevantes; solo se vive una vez; solo en la tierra es donde puedes sacar todo tu potencial; no lo desaproveches.

LA VISIÓN ES UN DESAFÍO

Muchos hablan de visión, pero el día que realmente se tenga una visión será un verdadero desafío cumplirla. Es muy fácil solo redactar o decir una visión, pero realmente llevarla a cabo es un gran reto. Cuando hablamos de visión yo veo cuatro grupos de personas. El primero son las personas que andan vagando por todos lados y nunca establecieron una visión en sus vidas. El segundo son los seguidores de una visión, la pueden ver, pero no la persiguen por sí solos, y cuando se desaniman o sus prioridades cambian, simplemente la abandonan. El tercer grupo son aquellos que están tomados por la visión y motivados para pasar a la acción, pero solo se quedan en el discurso motivacional, muchas palabras, pero poca acción.

> UN LÍDER DEL FUTURO ESTÁ IMPULSADO POR LA VISIÓN.

Hay un cuarto grupo que son los líderes de visión. Ellos están seducidos por la visión, tienen el deseo y la capacidad de reunir a otros para alcanzar sí o sí esa visión. Los cambios son tan rápidos que los líderes deben invertir muy poco tiempo en ver el pasado y más en el futuro. Pero un líder del futuro está impulsado por la visión. Por tanto, la visión siempre te mantendrá un paso adelante, y ahí es donde tu potencial empieza a ser utilizado. No puedo desarrollar mi potencial sin una visión.

¿En qué grupo te consideras que estás? Con este capítulo te quiero animar a que construyas tu propia visión. No será de la noche a la mañana, pero si la buscas la encontrarás. No tener visión es simplemente haber pasado por esta tierra sin saber para qué estábamos aquí. El único responsable de tener y cumplir una visión eres tú.

Para que una visión se pueda cumplir se necesita un mejor cómo y quién. Si tú eres un líder, debes ser mejor cada día. Para serlo, debes aprender a dejar atrás tus logros anteriores para solamente aprovechar la línea de crédito con la cual naciste, es decir, *aquello que ya lograste deja de ser tu potencial para que puedas moverte hacia lo que tienes por delante.*

NO TIENES EL DERECHO DE QUE UN DÍA TE ENTIERREN SIN HABER DADO TODO LO QUE TENÍAS QUE DAR.

¿CÓMO ESTÁ TU VIDA?

¿Estás estacionado en la vida con la cual iniciaste? ¿Tu vida está preparada para los desafíos de hoy? ¿Está preparada para el futuro? Si tu vida fuera un equipaje, ¿qué encontraríamos? Las personas que están demasiado unidas al pasado, pasan mucho tiempo avisando a las personas acerca de las amenazas y los peligros; son defensivos y reaccionarios. Los que están enfocados en el presente se conforman con el *status quo*, aunque les emociona el crecimiento gradual. Pero los que están comprometidos con el futuro analizan lo que será y lo construyen según lo visualizan. No tienes el derecho de que un día te entierren sin haber dado todo lo que tenías que dar.

"Potencial es una habilidad que no ha sido expuesta. Un poder reservado. Una fuerza que no se ha aprovechado. Capacidades que no se han descubierto. Un triunfo que no ha sido alcanzado. Dones inactivos. Talentos escondidos. Poder latente. Lo que puede hacer, pero que aún no ha hecho. A dónde puede ir, pero que aún no ha ido. Todo lo que puede realizar, pero que aún no lo ha realizado".[105]

Honra tu vida. ¿Hasta dónde llega tu potencial? Sería muy difícil hablar sobre una medida; sin embargo, existen referencias de hasta dónde podemos llegar. De los personajes que te he presentado, en la Biblia se encuentra plasmada una película de sus vidas. Creo que cada texto escrito sobre ellos nos deja enseñanzas y señales para nuestro diario vivir. Considero que un pasaje que nos da una revelación del tamaño de tu potencial es el siguiente:

Yo les daré paz y seguridad. No tendrán por qué tener miedo de los animales salvajes, ni tampoco de sus enemigos, pues ustedes fácilmente los derrotarán: **bastarán**

---

105. Munroe, p. 35.

cinco de ustedes para hacer huir a cien, y cien harán
huir a diez mil. Yo cumpliré las promesas que les hice.
Los trataré con tanto amor que su nación será pode-
rosa. Tan abundantes serán sus cosechas que tendrán
que sacar de sus graneros el cereal viejo para guardar el
nuevo.   (Levítico 26:8-10, TLA; énfasis del autor)

De acuerdo con esta analogía, podríamos concluir que tenemos un potencial inicial de 20 veces más de lo que actualmente estamos produciendo: "Bastarán cinco de ustedes para hacer huir a cien". Es decir, cinco de nosotros podemos alcanzar hasta cien personas. Pero no se queda ahí, sino que incluso podemos dar hasta 100 veces más: "Y cien harán huir a diez mil". ¿Te imaginas si pudieras producir 100 veces de lo que hoy estás produciendo? ¿Hasta dónde llegaría tu empresa, tu negocio, tu liderazgo, tu ministerio, tu familia? Pero, sobre todo, ¿hasta dónde trascenderías en esta tierra? "En cada semilla hay un bosque; en cada pez, un cardumen; en cada pájaro, una bandada; en cada vaca, una manada; en cada niña, una mujer; en cada niño, un hombre; y en cada hombre, una nación".[106] ¡De ese tamaño es nuestro potencial!

Los seres humanos somos como piedras labradas, cada uno con su propia singularidad y creatividad. Por tanto, entre más desarrolle su individualidad será más valioso para él mismo y para los demás. Todo cambio comienza desde el individuo, después lo transmite a su familia y por último se extiende a toda la sociedad. Así entonces, en cada

---

106. Munroe, p. 24.

uno de nosotros está la solución a los cambios que anhelamos ver en nuestro mundo.

Durante la Edad Media y en la transición al feudalismo, el individuo representaba una potencia. Hoy en día los individuos están extraviados en la apatía, la soberbia, el rencor, la pobreza, y ya no ven el gran potencial que tienen. Existe un sentido de urgencia para que la sociedad civil sea el actor y el motor principal de un cambio. Sin embargo, tenemos personas débiles que se están conformando a lo que es más fácil, en vez de tener una mentalidad, una voluntad propia y razón para evitar el mal y levantar algo diferente.

La libertad es totalmente contraria a la costumbre. Desafortunadamente la mayor parte de los países no tienen historia debido a las tradiciones y costumbres que se arraigaron. Así, México no es el simple hecho de que haya adquirido su libertad al independizarse, va más allá. Es toda una historia que hemos construido; por dentro existe una necesidad de marcar la diferencia, de no conformarse. Los aztecas decidieron no ser igual que los demás y construyeron una historia única. Nuestra naturaleza no es de conformidad, sino de creatividad y elevación, pero necesitamos creerlo y manifestarlo.

EN CADA UNO DE NOSOTROS ESTÁ LA SOLUCIÓN A LOS CAMBIOS QUE ANHELAMOS VER EN NUESTRO MUNDO.

EXPEDIENTES DEL CAMBIO #9
DAVID

David fue el hijo menor de Isaí y Nitzevet. Nació en Belén, cuando esta ciudad formaba parte del perímetro que constituía la tribu de Judá. Fue el menor de siete hermanos, y por su condición de hijo menor, en lugar de convertirse en soldado como sus hermanos mayores, debió quedarse en la casa para hacerse cargo del cuidado del gran rebaño que tenía la familia.[107] Desde muy joven fue rechazado por su propia casa; sin embargo, tenía un gran potencial. Él entendió las diferentes etapas de su vida, nunca vivió del pasado, sino que siempre fue detonando su potencial temporada tras temporada. Podríamos clasificar la vida de David en cinco etapas de acuerdo con los lugares donde creció.

Belén. En esta ciudad vivió desde su niñez hasta su adolescencia. Una etapa caracterizada por el rechazo de su familia. Fue una temporada para afirmar su identidad. Siempre obediente a las tareas que se le encomendaban, aunque fueran insignificantes, como llevar la comida a sus hermanos. En su libro de los Salmos, David describe un poco esa etapa de su vida:

> *Pues yo soporto insultos por amor a ti; tengo la humi-*
> *llación dibujada en todo mi rostro. Hasta mis propios*

107. https://biografia.co/david/.

hermanos fingen no conocerme; me tratan como a un
extraño. El celo por tu casa me ha consumido, y los
insultos de aquellos que te insultan han caído sobre
mí.   (Salmos 69:7-9, NTV)

Geba. La temporada en Geba cubrió aproximadamente
de los 18 a los 22 años. Esta temporada se caracteriza por el
favor y la popularidad temporal. Después de haber matado
al gigante Goliat, fue promovido al palacio. Fue honrado
al casarse con la hija del rey Saúl y formar parte de la corte
real en Geba. Fue promovido en el ejército.

A partir de ese día Saúl mantuvo a David con él y no
lo dejaba volver a su casa.   (1 Samuel 18:2, NTV)

La pronta promoción es solo parte de la preparación,
pero no lo es todo. Debes saber que todavía hay más que
puedes detonar. En esta temporada algunos se vuelven muy
ocupados y no logran ver que apenas están empezando.

Adulam. Los años en Adulam cubrieron aproximadamente de los 23 a los 30 en la vida de David. Esta temporada se caracteriza por la adversidad en el desierto durante
siete años, al tiempo que el rey Saúl y 3000 soldados trata-
ban de aniquilarlo. ¡Siete años de adversidad! Aun así, no
abortó su potencial.

Entonces Saúl escogió a tres mil soldados selectos de
todo Israel y fue en busca de David y de sus hombres

cerca de los peñascos de las cabras salvajes.

(1 Samuel 24:2, NTV)

Una persona no está completamente lista para cumplir su potencial hasta que pasa por varias temporadas de decepción. En otras palabras, hasta saber cómo responder a la decepción, no pasarás a la siguiente frontera de tu potencial. En vez de retirarse del servicio con un corazón dañado por la amargura, David continuó. Durante esta etapa formó uno de los ejércitos más grandes que ha existido en la historia del pueblo israelí.

Hebrón. Los años en Hebrón cubrieron aproximadamente de los 30 a los 37 años. Tiempo de parcial cumplimiento de las promesas recibidas por las cuales él había esperado y trabajado por un largo periodo de tiempo. Solamente lideró una de las doce tribus que le fueron prometidas a David alrededor de 13 años antes.

Jerusalén. Los años de Jerusalén cubrieron aproximadamente de los 37 a los 70 años. Grandes pruebas en la plenitud del potencial. La temporada de mayor alcance para David fue también la más peligrosa. Aquí están registradas sus mayores caídas y errores, así como también las mayores presiones durante esta temporada. Pero en esta etapa llegó a ser rey, lo que hizo detonar el gran potencial que tenía dentro de sí.

Pero lo que más me impacta es, aunque él ya había sido rey y había pasado por estas cinco temporadas, en su última etapa de la vida dijo, las siguientes palabras:

Ahora que estoy viejo y canoso, no me abandones, oh Dios. Permíteme proclamar tu poder a esta nueva generación, tus milagros poderosos a todos los que vienen después de mí. (Salmos 71:18, NTV)

Aun siendo viejo, David tenía la misma pasión. Vejez no es igual a edad, vejez es una actitud de tu corazón. He conocido viejos jóvenes, y jóvenes viejos. ¡Quería una frontera más! ¡La nueva generación!

Tú estás ahora en alguna de estas cinco temporadas; probablemente estás empezando, algunos están en Adulam, otros en el desierto, pero lo importante es que tienes un gran potencial. No te des por vencido, avanza, porque llegarás a la siguiente frontera que te preparará para tu gran destino.

DETENTE Y EVALÚA:

1. Si te comparas con David, ¿en cuál temporada de tu vida estás?

_____

_____

_____

2. ¿Cómo estás reaccionando a lo que te enfrentas en el mundo de hoy?

_____

_____

_____

3. Escribe una lista de cambios que quisieras ver en este mundo a nivel personal. ¿A nivel de comunidad? ¿A nivel global?

_____

_____

_____

4. ¿Qué puedes hacer para convertirte en *influencer* y/o líder de esos cambios?

_____

_____

_____

5. ¿Cuál es tu idea de trascender?

_____

_____

_____

10

¿LISTO PARA SUBIRTE A LA OLA? ¿VIENES?

Para finalizar, quiero compartir algunos consejos muy prácticos y alcanzables para todos aquellos que vamos a navegar entres las olas y turbulencias que se aproximan. La primera recomendación es: *No tengas miedo de lo desconocido*; navega y aprovecha las oportunidades que están por venir.

La segunda es: *Empieza con pequeños pasos.* Aprendí de un mentor lo siguiente: "No importa si algo comienza pequeño, si lo haces con excelencia siempre crecerá".

Y el tercer consejo es: *diversifica.* Este principio me encanta porque ha sido una realidad para nuestra vida financiera, y en la organización que dirigimos tratamos no solamente de ver una opción, sino las necesarias que nos puedan hacer crecer. Esto siempre y cuando no pierdas el enfoque de lo que realmente te está dejando las mayores experiencias y perspectivas.

La empresa Lego es el claro ejemplo de alguien que no se estancó, sino que siempre aprendió a ver nuevos caminos: "Si quieres actuar en un mundo en constante disrupción", dice Lars Silverbauer, director de redes sociales y audiovisuales de Lego, "debes tener muchas perspectivas diferentes de lo que estás haciendo ahora mismo".[108]

EL FUTURO YA ESTÁ A LA VUELTA, Y SOLO AQUELLOS QUE ESTÉN PREPARADOS PODRÁN NAVEGARLO.

No tomes decisiones que te acorralen y después no puedas salir de ellas; evita tomar decisiones irreversibles. El futuro está por delante; así que corre hacia lo incierto, pero con optimismo. ¡Persigue la ola!

Somos una generación que sabe adaptarse, en constante búsqueda de nuevos caminos. Sin duda alguna, muchas personas, empresas, corporaciones y países no podrán ni siquiera despegar, otras más al sentir las turbulencias se estancarán. Pero existirán quienes aprenderán a navegar en medio los difíciles vientos y llegarán al destino llamado *futuro*.

---

108. Mauro F. Guillén. 2030. *Cómo las tendencias más populares de hoy darán forma a un nuevo mundo* (México: Océano, 2021), p. 291.

El futuro ya está a la vuelta, y solo aquellos que estén preparados podrán navegarlo. Prepárate como nunca, investiga, lee, viaja, conoce, relaciónate con los disruptivos y creativos. Al mismo tiempo, recolecta todo lo que te ayude y navega hacia adelante. El mundo está por cambiar y necesitará a los arrojados y preparados para poder hacerle frente. "El mundo como lo conocemos está a punto de cambiar, y no volverá a ser el mismo pronto, tal vez nunca", vislumbra Guillén.[109]

En este mundo siempre habrá dos tipos de personas:

+ *Los que se rezagan,* aquellos que se convierten en obsoletos en poco tiempo.

+ *Los que crecen* y contribuyen a impulsar la productividad en un mundo hiperconectado.

Trabajo en ser del segundo grupo, y quiero que tú también lo seas; busco aportar mi granito de arena para vivir en un mundo mejor.

El 2020 fue un año que nunca olvidaremos. Nuestra organización *RÍO* es de aproximadamente 4000 personas, por lo que tuvimos retos enormes para mantenernos conectados, no solamente de forma virtual, sino por medio de cada una de las actividades que realizamos. Cuando iniciamos el 2021 era evidente que la pandemia aún no había terminado, fue por esto que nos juntamos cerca de 15 líderes de Latinoamérica para analizar, debatir sobre la

---

109. *Ibid,* p. 303.

situación; pero, sobre todo, para proponer lo que haríamos en el futuro. El resultado fue increíble, y te quiero compartir tres preguntas que nos hicieron reflexionar, cambiar y actuar para los próximos años.

¿CUÁNDO?

"Los líderes necesitan emplear menos tiempo mirando el pasado y más tiempo anticipando el futuro".[110] Veo a muchas personas hablando y desgastándose en el pasado; es bueno para evaluar lo bueno y lo malo, pero el mayor tiempo debemos emplearlo viendo el futuro. Cuando empecemos a ver más hacia adelante, podremos determinar cuándo iniciar un proyecto y también cuándo terminarlo.

> ## PUEDES TOMAR UN MEJOR *CUÁNDO*, SI TIENES UN MEJOR *CÓMO*.

Durante todo este libro has podido ver que me encanta extraer principios muy prácticos de la Biblia, porque no lo considero un libro religioso, sino de vida. Y justamente en ella hay una historia acerca de un grupo de personas que eran expertos en conocer los tiempos de batalla.

De Isacar: doscientos jefes y todos sus parientes bajo sus órdenes. Eran hombres expertos en el conocimiento de

---

110. Samuel R. Chand. *Liderazgo práctico. Los mejores principios de liderazgo para pastores y líderes* (Whitaker House, 2018), p. 216.

los tiempos, que sabían lo que Israel tenía que hacer.
(1 Crónicas 12:32, NVI)

Saber qué hacer y cuándo hacerlo será vital para tu vida. Así que no desperdicies el tiempo, porque es tu recurso más valioso. "Los líderes del futuro prevén tendencias, imaginan escenarios, y ayudan a crear un futuro deseado".[111] A través de los capítulos de este libro mi deseo ha sido motivarte a imaginar lo que sucederá en tu vida con lo que hoy puedes comenzar a hacer. Crear escenarios te ayudará a descartar aquello que no es para ti, pero a elegir lo que sí es para ti. Puedes tomar un mejor *cuándo*, si tienes un mejor *cómo*.

¿CÓMO?

"Nadie puede predecir el futuro, pero podemos avanzar hacia él con sabiduría".[112] Aquella persona que nos diga que tiene todas las respuestas y caminos del futuro es una mentira, porque nadie sabe el futuro; pero lo que sí podemos hacer es adquirir sabiduría desde ya. No me considero una persona muy madura, pero sí con los suficientes años en el tren de la vida para decir que el mejor aliado que he encontrado en la vida es la sabiduría; ella te permitirá tomar las mejores decisiones en el tiempo correcto.

PUEDES TENER UN MEJOR *CÓMO*, SI TIENES UN MEJOR *QUIÉN*.

111. *Ibid*, p. 219.
112. Guillén, p. 286.

Es decir, no solamente hay que tomar una buena decisión, sino hacerla en el tiempo adecuado. Muchas personas deciden lo correcto, pero fuera de tiempo, por lo que al final no fue una decisión sabia. En otras palabras, los próximos años requerirán de personas sabias: hombres y mujeres tomando decisiones correctas en el tiempo correcto.

La sabiduría se puede adquirir de dos maneras: 1) a través de los errores; 2) al rodearte de mejores personas (los *quiénes*). Personalmente, prefiero la segunda. Puedes tener un mejor *cómo*, si tienes un mejor *quién*.

¿QUIÉNES?

> *También algunos de los gaditas se unieron a David cuando se encontraba en la fortaleza del desierto. Eran guerreros valientes, preparados para la guerra, hábiles en el manejo del escudo y de la lanza, feroces como leones y veloces como gacelas monteses.*
>
> (1 Crónicas 12:8, NVI)

El rey David se rodeó de la gente correcta; no eran los más habilidosos, pero sí los que tenían una mejor actitud. Las personas correctas siempre aumentarán tu sabiduría.

PARA *SER* UNO DE ELLOS, PRIMERO APRENDE A CAMINAR *CON* ELLOS.

Está mal arriesgarnos sin una causa, pero es peor no arriesgarnos cuando sí la hay. Si tienes una causa que valga la pena, no lo pienses más, avanza, toma decisiones, no lo dejes para mañana. Las buenas causas siempre necesitarán a hombres y mujeres decididos.

Todos los personajes que te presenté en cada capítulo no son de la historia moderna, pero cambiaron su entorno. Así que, por más cambios que vengan, el ser humano posee la capacidad y potencial para marcar su generación. Para *ser* uno de ellos, primero aprende a caminar *con* ellos.

O te subes a la ola del cambio, o mueres.

¿VIENES?

"Los cambios experimentados por el mundo a Dios no lo sorprenden, porque Él ya los vio, incluso los inspiró y los creó».[113]

---

113. Efrén Ruiz. *Crisis y Oportunidades. Puertas invisibles en momentos increíbles* (Whitaker House, 2021), p. 263.

DETENTE Y EVALÚA:

1. ¿Estás decidido a ser parte del futuro que ya es, prácti-
    camente, el presente?

    _____

    _____

    _____

2. Llena los siguientes blancos en tu vida, de acuerdo con
    lo que leíste en este capítulo:

    Cuándo _____

    Cómo _____

    Quiénes _____

    _____

    _____

    _____

3. Escribe los pasos para moverte hacia tus cambios.

    _____

    _____

    _____

4. ¿Cómo puedes vencer el miedo a lo desconocido?

    _____

    _____

    _____

5. Enumera tus alternativas para diversificar.

_____

_____

_____

El futuro está por delante; corre hacia lo incierto, pero con optimismo.
Determínate a ser de los que crecen y contribuyen a impulsar la productividad en un mundo hiperconectado.

¡PERSIGUE LA OLA!

ACERCA DEL AUTOR

Efrén Ruiz Arregui es licenciado en Economía, con maestría en Administración Pública y Políticas Públicas, ambos grados por el Tecnológico de Estudios Superiores de Monterrey.

Joven empresario mexicano, cuya visión se ha nutrido de diversas experiencias, siendo en dos ocasiones representante de la Juventud Latinoamericana en la Comisión de Desarrollo Social de la ONU, a través de la Organización Mundial de Jóvenes (World Youth Alliance). Ha recibido capacitación en diversos cursos, como *Mexico's Energy Future* por la F. Kennedy School of Government de la Universidad de Harvard, e *Inteligencia Cambiaria* por Harbor Intelligence.

Su trayectoria profesional incluye participación en gobierno. Durante las elecciones de 2009 participó como candidato a Diputado Local para la Asamblea Legislativa. Contribuyó en la elaboración de las principales propuestas del sector empresarial para el foro económico más relevante, el G-20, organizado por la Presidencia de México.

Fue secretario particular del presidente de la Confederación de Cámaras Nacionales de Comercio, Servicios y Turismo, organización que representa a más de 650 000 empresas en todo México. Formó parte del equipo del C. Secretario de Economía del Gobierno Federal durante el periodo 2016 – 2018, siendo presidente de México el licenciado Enrique Peña Nieto.

Es pastor de la *Iglesia RÍO Poderoso*, que tiene más de trece sedes en la República Mexicana. Es presidente de la Fundación Restauración Integral Oportuna A.C. y conferenciante en congresos y foros nacionales e internacionales. En 2021 publicó su primer libro, *Crisis y Oportunidades*, con Whitaker House Español. *Cambiar o morir* es su segundo libro.

Puedes seguirlo en sus redes sociales:

Facebook y Youtube: Efrén Ruiz Jr

Instagram y twitter: @ruizefren